共同富裕

理论探索

谢伏瞻　高培勇　主编

中国社会科学出版社

图书在版编目（CIP）数据

共同富裕理论探索/谢伏瞻，高培勇主编．—北京：中国社会科学出版社，2022.9（2023.5重印）

ISBN 978-7-5227-0691-7

Ⅰ.①共… Ⅱ.①谢… ②高… Ⅲ.①共同富裕—理论研究—中国—文集 Ⅳ.①F124.7

中国版本图书馆 CIP 数据核字（2022）第 144567 号

出 版 人	赵剑英	
责任编辑	王　曦	
责任校对	郝阳洋	
责任印制	戴　宽	

出　　版	中国社会科学出版社
社　　址	北京鼓楼西大街甲 158 号
邮　　编	100720
网　　址	http://www.csspw.cn
发 行 部	010-84083685
门 市 部	010-84029450
经　　销	新华书店及其他书店
印刷装订	北京君升印刷有限公司
版　　次	2022 年 9 月第 1 版
印　　次	2023 年 5 月第 3 次印刷
开　　本	710×1000　1/16
印　　张	17
插　　页	2
字　　数	238 千字
定　　价	78.00 元

凡购买中国社会科学出版社图书，如有质量问题请与本社营销中心联系调换

电话：010-84083683

编者前言

这是一本理论文集，是由中国社会科学院学者所撰写的关于共同富裕问题的理论文章精选、汇编而成的。

中国已经进入扎实推进共同富裕的历史阶段。中国的共同富裕涉及一系列重大理论和实践问题，需要从理论和实践的结合上说清楚、讲明白。正如中国式现代化不同于其他现代化模式和标准一样，中国的共同富裕具有一系列自身特色。要走出一条中国式的共同富裕道路，就要以习近平新时代中国特色社会主义思想为指导，建构中国自主的共同富裕知识体系，从建构与中国共同富裕道路相契合的理论体系做起。在这方面，中国社会科学院责无旁贷，肩负神圣使命。

呈现在读者面前的这本理论文集，便是中国社会科学院学者围绕共同富裕问题所做理论探索的初步成果。

本文集按照"总论—专论"的框架进行编排，共收录理论文章 36 篇。总论是对共同富裕一般的研究，专论是对共同富裕的某一个具体领域和侧面的研究；总论是对共同富裕整体的、全面的阐述，专论则深入具体领域、具体问题。

总论包括 15 篇文章，按照"什么是共同富裕""怎样推进共同富裕"又分了两个部分：前者包括 8 篇文章，从多个维度和侧面阐释共同富裕的特征，给出了共同富裕理论上的"鸟瞰图"；后者包括 7 篇文章，给出了推进共同富裕的原则与途径，是共同富裕实践中的"路线图"。

专论包括 21 篇文章，从不同的角度、侧面对共同富裕具体领域中的重大现实问题进行了理论上的回答和阐释。包括四个部分：科技支撑（5 篇文章）、社会建设（7 篇文章）、经济建设（5 篇文章）、协调发展（4 篇文章）。

我们热切期待着来自各方面的批评建议，亦期望同各位读者朋友一起，为推动关于共同富裕的理论研究多做贡献。

目　　录

上篇　总论

第一部分　什么是共同富裕 ………………………………（3）

扎实推进全体人民共同富裕 ………………………… 谢伏瞻（5）

促进共同富裕要力求效率与公平的统一 ………… 高培勇（8）

共同富裕是中国式现代化的重要特征 ………… 黄群慧（11）

共同富裕是中华民族伟大复兴的基础和前提………… 冯颜利（18）

共同富裕是物质富裕和精神富裕的统一 ……… 龚　云　杨　静（23）

新发展阶段促进共同富裕具有坚实基础 ………… 张车伟（30）

充分估计实现共同富裕的长期性、艰巨性

和复杂性 ……………………………………… 姚枝仲（35）

扎实推动共同富裕的逻辑内涵………………… 杜　江　龚　浩（40）

第二部分　怎样推进共同富裕 ……………………………（47）

实现共同富裕必须坚持党的领导 ………………… 辛向阳（49）

充分发挥制度优势，扎实推进

共同富裕 ……………………… 政治学研究所课题组（55）

促进共同富裕首先要靠

共同奋斗 ……………………… 李雪松　孙博文　朱　兰（72）

共同富裕视域下精神生活富裕的

时代内涵及实现路径 ………………………… 赵剑英 （77）

凝聚自信自强的磅礴精神力量 ……………… 冯颜利 （91）

以"五位一体"总体布局推动浙江

高质量发展建设共同富裕示范区 …… 夏杰长　徐紫嫣 （95）

在高质量发展中促进共同富裕 ……………… 曲永义 （101）

下篇　专论

第一部分　科技支撑 ………………………………… （109）

把科技创新作为促进共同富裕

关键支撑 ………… 李雪松　朱承亮　张慧慧　庄芹芹 （111）

科技向善赋能共同富裕的意义和

对策建议 ………………………… 张颖熙　夏杰长 （116）

数字经济、收入分配与共同富裕 ……………… 刘　诚 （121）

数字经济赋能共同富裕的作用机制

与政策建议 ………………………… 夏杰长　刘　诚 （127）

以数字化共享平台模式创新发展

互助性养老 ………………………… 刘　奕　李勇坚 （132）

第二部分　社会建设 ………………………………… （139）

现代化与共同富裕社会建设 …………………… 张　翼 （141）

完善收入分配制度　推动形成橄榄型分配结构 ……… 何德旭 （150）

形成人人享有的合理分配格局 ………… 檀学文　杨　穗 （156）

不断提升社会保障和转移支付体系，促进

全体人民共同富裕 …………………………… 陈光金 （161）

"十四五"时期加快平台品牌建设、全面提升

公共服务质量的建议 ………………………… 陈承新（172）

推动公共服务高质量发展的浙江实践 ………… 王　震（178）

以社会保障体系高质量发展推进

共同富裕示范区建设 ……………………… 汪德华（187）

第三部分　经济建设 …………………………………（195）

积极应对需求收缩有效促进居民消费 ………… 陈光金（197）

共同富裕视角下的普惠

金融发展 ……………… 张晓晶　李广子　张　珩（202）

发挥金融促进共同富裕的重要作用 …………… 何德旭（208）

构建现代财政体制扎实推进共同富裕 ……… 杜　江　龚　浩（212）

旅游业助力共同富裕的作用机理

与政策建议 ……………………… 徐紫嫣　宋昌耀（227）

第四部分　协调发展 …………………………………（235）

在协调发展中扎实推进共同富裕 ……………… 黄群慧（237）

全面打造城乡协调发展的引领区 ……………… 魏后凯（245）

以政策协同推动共同富裕取得实质性进展 ………… 魏　众（252）

关于"十四五"浙江推动生态文明建设的

若干思考 ……………………………… 张永生（258）

上 篇

总论

上篇
总论

第一部分

什么是共同富裕

扎实推进全体人民共同富裕[*]

谢伏瞻^{**}

习近平总书记强调，实现共同富裕，不仅是经济问题，而且是关系党的执政基础的重大政治问题。党的十九届五中全会首次提出，到2035年，全体人民共同富裕取得更为明显的实质性进展。我谈三点认识。

第一，实现共同富裕是社会主义的本质要求，是人民群众的共同期盼，是中国共产党始终不渝的奋斗目标。新中国成立以来特别是改革开放以来，我们党团结带领人民向着实现共同富裕的目标不懈努力，人民生活质量和社会共享水平显著提升。党的十八大以来，以习近平同志为核心的党中央，对共同富裕道路做了新的探索，对共同富裕理论做了新的阐释，对共同富裕目标做了新的部署，把脱贫攻坚作为重中之重，坚持以人民为中心，开展精准扶贫精准脱贫，实现了现行标准下农村贫困人口全部脱贫，向着全体人民共同富裕的目标迈进一大步。进入新发展阶段，中共中央把扎实推进全体人民共同富裕摆在更加重要的位置，体现了对共同富裕一以贯之的强调和努力。

---

* 本文系作者 2021 年 3 月 7 日在全国政协十三届四次会议第二次全体会议上的大会发言。
** 谢伏瞻，中国社会科学院学部委员、学部主席团主席。

第二，推进全体人民共同富裕是一项长期任务，要始终坚持发展这个第一要务。习近平总书记指出，实现社会公平正义是由多种因素决定的，最主要的还是经济社会发展水平。① 我国正处于并将长期处于社会主义初级阶段，发展是解决我国一切问题的基础和关键。没有发展，没有扎扎实实的发展成果，共同富裕就无从谈起。扎实推进共同富裕，必须始终坚持以经济建设为中心，不断解放和发展生产力，为实现全体人民共同富裕打好坚实的物质基础。发展必须是贯彻新发展理念、构建新发展格局的高质量发展，要坚持创新驱动发展，加快建立现代产业体系，不断提高我国经济的科技的整体实力和国际竞争力。必须毫不动摇地巩固和发展公有制经济，毫不动摇地鼓励、支持、引导非公有制经济发展，夯实实现共同富裕的经济制度基础。必须不断破除制约发展的体制机制障碍，充分发挥市场在资源配置中的决定性作用，更好发挥政府作用，强化有利于调动全社会积极性的重大改革开放举措，持续增强发展动力和活力。

第三，推进全体人民共同富裕是一项现实任务，必须摆在更加重要的位置。实现全体人民共同富裕是一个长期的历史过程，不可能毕其功于一役，急不得也等不得。要根据现有条件及早采取有力措施，把能做的事情尽快着手做起来，向着这个目标作出更加积极有为的努力。一是加强薄弱环节，更加注重向农村、基层、欠发达地区倾斜，向困难群众倾斜。二是突出工作重点，聚焦地区差距、城乡差距、收入差距等问题，把着力点放在统筹做好就业、收入分配、教育、社保、医疗、住房、养老、扶幼等关系民生、关乎社会公平正义的事情上，推动在幼有所育、学有所教、劳有所得、病有所医、老有所养、住有所居、弱有所扶上持续取得新进展。三是用好看得见的手，履行好政府再分配调节职能，加大税收、社保、转移支付等调节力度和精准性，调节过高收入，

---

① 习近平：《习近平谈治国理政》第一卷，外文出版社 2018 年版，第 96 页。

取缔非法收入。发挥慈善等社会公益事业的第三次分配作用，调动全社会力量济困扶弱。四是坚持尽力而为、量力而行，既让改革发展成果更多更公平地惠及全体人民，又不能超越发展阶段和水平吊高"胃口"。要健全基本公共服务体系，完善共建共治共享的社会治理制度，让人民群众真真切切感受到共同富裕。

站在新的历史起点上，我国已经具备多方面优势和基础条件。我们坚信，有以习近平同志为核心的党中央的坚强领导，有习近平新时代中国特色社会主义思想的正确指引，有中国特色社会主义制度的巨大优势，只要脚踏实地、久久为功，积小胜为大胜，就一定能够实现全体人民共同富裕的宏伟目标！

促进共同富裕要力求效率与公平的统一[*]

高培勇^{**}

在促进全体人民共同富裕历史进程中，正确处理效率和公平的关系，对于准确把握实现共同富裕的战略目标和实践途径，非常重要，也非常关键。

第一，促进共同富裕要在做大蛋糕的基础上分好蛋糕。共同富裕由"共同"和"富裕"两个关键词组成。"富裕"需要把蛋糕做大，"共同"则要求把蛋糕分好，两者是辩证关系。我国仍是发展中国家，发展仍是解决我国一切问题的基础和关键。共同富裕只有也只能在坚持发展中加以实现，离开了发展或脱离了富裕这个基础，就谈不到共同富裕。只有坚持在高质量发展中促进共同富裕，在持续不断"做大蛋糕"基础上"分好蛋糕"，厚植共同富裕基础，才能最终实现共同富裕。

第二，促进共同富裕要靠全体人民共同奋斗，共同富裕是在承认差别的基础上，扩大中等收入群体，形成"中间大两头小"的收入分配结构。社会主义市场经济追求效率与公平的统一。只讲效率不讲公平，造成两极分化和阶层固化，不符合共同富裕原则，也背离社会主义初

———————————

　＊ 本文系作者 2022 年 3 月 7 日在全国政协十三届五次会议第二次全体会议上的大会发言。

　＊＊ 高培勇，中国社会科学院副院长，中国社会科学院学部委员，中国社会科学院大学党委书记。

衷。同样，只求公平不要效率，搞平均主义，其结果会严重影响经济发展。搞不好，还可能造成共同贫穷。在历史上，我们曾吃过这方面的亏。促进共同富裕更应该关注机会公平和过程公平，营造尊重劳动、尊重创造、尊重知识、尊重人才的政策体系和制度环境，为大多数人通过辛勤劳动、诚实劳动、合法经营、创新创业增收致富创造条件，为普通人通过奋斗改变命运提供通道。我们不能搞"绝对平均""吃大锅饭"，也不能"养懒汉"、搞"福利主义"。近年来我国实施脱贫攻坚，基本消灭了绝对贫困，就是追求共同富裕的实际步骤和成果。

第三，促进共同富裕要在社会主义基本经济制度的前提下进行。无论是加大税收、社保、转移支付等方面的调节力度，还是在教育、医疗、养老、住房等人民群众最关心的领域精准提供基本公共服务，抑或是支持有意愿、有能力的企业和社会群体积极参与公益慈善事业，都要与市场经济有机结合，在坚持社会主义基本经济制度、坚持"两个毫不动摇"的前提下展开和推进。要发挥高收入群体和企业家作用，充分调动企业家积极性，但不是"劫富济贫"。要发挥三次分配对于改善分配结构的补充作用，但主要通过自愿慈善捐款方式进行，反对任何形式的"逼捐""诱捐"。

第四，促进共同富裕要多维度、全方位共同努力。促进共同富裕涉及社会再生产各方面和国家治理活动各领域，不能只考虑分配一个维度，也不能限于经济一个视角。要从统筹兼顾经济社会各方面发展要求出发，坚持经济发展、社会进步和人民生活改善并重，综合施策。既要不断解放和发展社会生产力，不断创造和积累社会财富，又要防止两极分化。既要通过高质量发展提高效率效益，又要着力从制度安排上促进社会公平正义。既要关注"富口袋"，增加城乡居民收入，又要关注"富脑袋"，满足人民文化需求、增强人民精神力量，促进人的全面发展和社会全面进步。政府要研究实施既有利于效率也有利于公平的公共政策，如进一步普及和提升教育、支持中小企业提供更多更好的就业岗位、发展高质量基础设施等。

第五，促进共同富裕要循序渐进，久久为功。面对我国仍然是世界最大发展中国家这一基本国情，共同富裕是一个需要耐心、需要分阶段加以实现的目标，不能要求所有地区、所有人同时富裕，也不能要求不同区域、不同人群都达到全国一致的收入和生活水平。在促进共同富裕进程中，不仅要尽力而为，而且要根据自身情况量力而行，不好高骛远，不吊高胃口。不仅要统筹需要和可能，脚踏实地、久久为功，而且要因时因势因地制宜设定发展目标，不搞"齐步走"，不做"过头事"，不盲目攀比和冒进，把保障和改善民生建立在经济发展和财力可持续的基础之上。

共同富裕是中国式现代化的重要特征[*]

黄群慧^{**}

习近平总书记在中央财经委员会第十次会议上指出："共同富裕是社会主义的本质要求，是中国式现代化的重要特征。"充分认识共同富裕这个中国式现代化重要特征的深刻内涵，对于全面理解中国共产党创造的中国式现代化新道路，坚持和发展中国特色社会主义，实现第二个百年奋斗目标，全面建成社会主义现代化强国，具有重要意义。

中国共产党成功创造了中国式现代化新道路

一个国家的现代化，通常表现为一个国家为达到世界先进、前沿和发达水平的发展过程。自18世纪70年代工业革命以来，工业化成为世界各国现代化的主旨，工业文明取代农业文明成为现代文明的主流和前沿。但在这一次现代化过程中，中国这个文明古国被甩在世界现代化进程的后面。1840年鸦片战争以后，中国逐步沦为半殖民地半封建社会，中华民族遭受了前所未有的劫难。近代以来，拯救中华民族于水火之

＊ 原载《光明日报》2021年9月7日第11版。
＊＊ 黄群慧，中国社会科学院经济研究所所长，研究员。

中、把中国建设成为现代化国家，成为众多仁人志士的伟大梦想。近代中国在历经众多失败的探索之后，是中国共产党带领中国人民成功开启并走上了现代化的中国道路。中国共产党一经诞生，就把为中国人民谋幸福、为中华民族谋复兴确立为自己的初心使命。在新民主主义革命时期完成了反帝反封建历史任务之后，中国共产党领导中国人民建立了新中国，为建设社会主义现代化国家、实现中华民族伟大复兴创造了根本社会条件，在人口众多、底子薄弱、经济落后的农业大国的基础上，锲而不舍、矢志不渝地推进了新中国的现代化进程。

新中国的现代化进程大体经历了三个时期。一是社会主义革命和建设时期，这一时期确立了社会主义基本制度，推进了社会主义建设，建立了独立的、比较完整的工业体系和国民经济体系，为中国式现代化新道路奠定了根本政治前提和经济基础。二是改革开放新时期，开创了中国特色社会主义道路，中国经济在快速增长中创造了世界奇迹，形成了充满新活力的社会主义市场经济体制，实现了人民生活从温饱不足到总体小康、奔向全面小康的历史性跨越，中国式现代化新道路基本成型。三是中国特色社会主义建设新时代，全面建成小康社会，基本实现了工业化，实现了第一个百年奋斗目标，中国式现代化新道路的理论和制度体系日趋完善，物质基础更为坚实，全国人民对中国式现代化新道路更加自信。

一个国家的现代化是一个复杂的历史过程。虽然各个国家成为世界先进、达到发达水平的目标基本趋同，现代化进程中也遵循关于工业化、市场化、信息化、经济全球化的一些共同的规律，但从整体上看，并不存在一个标准的成功现代化模式或道路。先发的现代化国家的经验虽然对后发国家现代化道路的选择具有借鉴意义，但选择什么样的现代化道路，最终是由一个国家的具体国情决定的，成功的现代化道路一定是符合其基本国情的道路。中国式现代化新道路，是中国共产党将马克思主义普遍原理与中国具体国情进行有效结合形成的，是中国特色的社会主义现代化道路。

　　1979 年 3 月，邓小平同志明确提出："过去搞民主革命，要适合中国情况，现在搞建设，也要适合中国情况，走出一条中国式的现代化道路。"① 邓小平同志用"小康之家"这个概念描述了中国式现代化的目标。1982 年党的十二大首次提出，经济建设总的奋斗目标是到 2000 年人民的物质文化生活可以达到小康水平，这就把中国式现代化的目标首次综合表述为"小康"。1987 年党的十三大报告进一步把现代化战略部署分为"三步走"。在 1997 年党的十五大报告中，首次规划了"两个一百年"奋斗目标。2002 年党的十六大在确认实现了现代化建设"三步走"战略的第一步、第二步目标的基础上，提出在 21 世纪头 20 年全面建设惠及十几亿人口的更高水平的小康社会，明确了全面建设小康社会的奋斗目标。2017 年党的十九大提出，从十九大到二十大，既要全面建成小康社会、实现第一个百年奋斗目标，又要乘势而上开启全面建设社会主义现代化国家新征程，向第二个百年奋斗目标进军。

　　全面建设社会主义现代化国家新征程又分为两个阶段的部署，第一个阶段从 2020 年到 2035 年，在全面建成小康社会的基础上基本实现社会主义现代化；第二个阶段从 2035 年到本世纪中叶，在基本实现现代化的基础上把我国建成富强民主文明和谐美丽的社会主义现代化强国。党的十九届五中全会又具体规划了第一阶段基本实现现代化的具体目标，提出了立足新发展阶段、贯彻新发展理念、构建新发展格局的要求。中国式的现代化，在实现了全面建成小康社会的目标后，正处于向第二个百年奋斗目标迈进的新发展阶段，比历史上任何时期都更接近、更有信心和能力实现富强民主文明和谐美丽的社会主义现代化强国目标。

---

　　① 中共中央文献研究室编：《邓小平思想年编（一九七五——一九九七）》，中央文献出版社 2011 年版，第 229 页。

共同富裕体现了中国式现代化新道路的
目标要求和实现路径

现代化作为一个世界范围内的发展现象和发展过程，体现出自 18 世纪工业革命以来人类社会的总体发展趋势。中国式现代化不仅顺应了这一发展趋势，而且体现出鲜明的中国特色，其最为根本的特点是中国共产党领导的立足于世界第一人口大国这一国情的社会主义的现代化。这个根本的特点决定了，中国式现代化是人口规模巨大的现代化、是全体人民共同富裕的现代化、是物质文明和精神文明相协调的现代化、是人与自然和谐共生的现代化、是走和平发展道路的现代化。

全体人民共同富裕是中国式现代化的重要特征之一，这个特征使得中国式现代化显著区别于西方资本主义国家的现代化。中国共产党领导的中国式现代化，是社会主义的现代化，全体人民共同富裕是社会主义的本质要求。改革开放之初，邓小平同志在提出中国式的现代化时，也强调了共同富裕问题，提出"社会主义的本质，是解放生产力，发展生产力，消灭剥削，消除两极分化，最终达到共同富裕"，[①] 认为共同富裕是"社会主义的目的""社会主义的原则"和"社会主义最大的优越性"。党的十八大以来，习近平总书记反复强调："共同富裕是中国特色社会主义的根本原则""实现共同富裕是我们党的重要使命""我们追求的发展是造福人民的发展，我们追求的富裕是全体人民共同富裕"，要"让发展成果更多更公平惠及全体人民，不断促进人的全面发展，朝着实现全体人民共同富裕不断迈进"。[②] 因此，中国共产党领导

---

① 中共中央文献研究室编：《邓小平思想年编（一九七五——一九九七）》，中央文献出版社 2011 年版，第 705 页。

② 中共中央宣传部编：《习近平新时代中国特色社会主义思想学习纲要》，学习出版社、人民出版社 2019 年版，第 45 页。

的中国式现代化新道路，一定具有全体人民共同富裕这个重要特征，这内嵌于社会主义的本质、目标和原则，是社会主义制度优越性的重要体现。

共同富裕可以是一个状态或结果，也可以是一个过程或行为。作为一种状态或结果，共同富裕意味着全体人民都过上富裕美好的生活，是全社会所有人的整体富裕。共同富裕，与贫富悬殊的两极分化"反义"，与平均主义的"均富"不"同义"。共同富裕所描述的不是少数人富裕、贫富差距巨大的状态，也不是平均主义的同等富裕、一样富裕的情况。作为一个过程或者行为，共同富裕意味共同致富和共同发展，全体人民都有追求发展、勤劳致富的共同权利和机会，通过共同努力和共同奋斗的过程，最终实现全体人民的共同发展。共同富裕也不是没有差别的同步富裕，可以一部分人先富裕起来，先富带动后富。

作为中国式现代化新道路的重要特征，共同富裕作为一种状态或结果，体现为中国式现代化的目标要求，作为一个过程或行为，体现为中国式现代化的实现路径。从目标要求看，习近平总书记指出："共同富裕本身就是社会主义现代化的一个重要目标。"① 中国式现代化新道路要求最终达到共同富裕这个目标，一方面是要实现社会生产力高度发展、社会全面进步的发达状态，即"富裕"；另一方面是要让现代化成果由全体人民共享，满足全体人民的美好生活需要，即"共同"。共同富裕作为中国式现代化新道路的目标要求，体现了中国共产党为全体人民谋福利的初心使命，也是建成社会主义现代化强国的重要衡量标准。从实现路径看，中国式现代化要求正确处理公平与效率的关系，以共享发展理念为指导，形成人人参与发展过程、人人享有发展成果的公平普惠的环境条件和制度体系，动态把握发展生产力与消除两极分化两方面

---

① 习近平：《论把握新发展阶段、贯彻新发展理念、构建新发展格局》，中央文献出版社2021年版，第503页。

的现代化战略任务，形成既有利于促进生产力发展又有利于缩小贫富差距的现代化政策体系。

推动全体人民共同富裕取得更为明显的实质性进展

习近平总书记在庆祝中国共产党成立 100 周年大会上庄严宣告，我们实现了第一个百年奋斗目标，在中华大地上全面建成了小康社会，历史性地解决了绝对贫困问题，正在意气风发向着全面建成社会主义现代化强国的第二个百年奋斗目标迈进。这表明，中国共产党开创的中国式现代化进程步入了一个新发展阶段，按照《中共中央关于制定国民经济和社会发展第十四个五年规划和二〇三五年远景目标的建议》的要求，到 2035 年人的全面发展、全体人民共同富裕要取得更为明显的实质性进展。因此，在新发展阶段，推动全体人民共同富裕取得更为明显的实质性进展，成为推进中国式现代化、实现第二个百年奋斗目标的一项重大战略性任务。要实现这个任务，必须把握好以下两方面的政策思路。

一方面，保持经济增速处于合理区间，实现 2035 年人均国内生产总值达到中等发达国家水平的经济增长目标。实现共同富裕首先要保证"富裕"。中国现在是中等收入国家，要通过持续深化改革开放来不断解放和发展生产力，通过创新驱动保证经济增长处于合理区间，才能不断提升"富裕"水平、增强持续做大"蛋糕"的能力。基于现代化规律，一个经济体到工业化后期和后工业化阶段，经济潜在增速便开始下降。根据人口预测模型、资本存量估算、全要素生产率计算等测算结果，我国经济增长还有足够潜力，有能力到 2035 年人均 GDP 基本达到中等发达国家水平。但也要看到，这一发展潜力的基础还有待加强。为此，在新发展阶段，既要保证宏观经济政策的稳定性和连续性，促进供给侧结构性改革与需求侧管理有效协同，以实现经济的潜在增长率；又要通过深化体制机制改革和实施高水平开放，提高科技创新水平和高水平自立自强能力，进一步畅通国民经济循环，不断提升经济潜在增长率。

另一方面，以完善分配格局为重要抓手，在促进高质量发展与构建新发展格局中推动共同富裕。新发展阶段，我国社会主要矛盾是人民日益增长的美好生活需要和不平衡不充分的发展之间的矛盾，提高发展的平衡性、协调性、包容性，实现高质量发展，是新发展阶段深化中国式现代化进程的关键。具体到分配领域，需要关注以下内容：进一步提高居民可支配收入和劳动报酬在初次分配中的份额，继续缩小行业收入差距、城乡收入差距；深化分配体制改革，一次分配注重经济增长的包容性和协调性，二次分配聚焦公平公正，三次分配强化企业社会责任；提高社会流动性，逐步提升全体人民收入水平、财富存量水平，中等收入群体显著扩大。完善分配格局不仅会直接促进共同富裕有实质进展，也会促进以居民消费为主体的内需格局的形成，有利于加快构建新发展格局。

共同富裕是中华民族伟大复兴的基础和前提

*冯颜利**

求得民族独立和人民解放、实现国家繁荣富强和人民共同富裕，是近代中国面临的两大历史任务。新中国的成立，标志着我们已经完成了第一大历史任务。当前，经过全党全国各族人民百年持续奋斗，我们已经"全面建成了小康社会，历史性地解决了绝对贫困问题，正在意气风发向着全面建成社会主义现代化强国的第二个百年奋斗目标迈进"。[①]这也意味着中华民族进入了繁荣富强的更高阶段，中华民族伟大复兴进入了不可逆转的历史进程，中国人民迈入了实现共同富裕的新阶段。

一 中华民族伟大复兴进入不可逆转的历史进程

百年来，中国共产党领导中国人民不忘初心牢记使命，顽强拼搏、勠力奋斗，为实现中华民族伟大复兴创造了一个个举世公认的世界奇迹，经济长期快速发展，并且社会长期和谐稳定，党领导人民取得的一

---

* 冯颜利，中国社会科学院哲学研究所副所长，研究员。

① 习近平：《在庆祝中国共产党成立 100 周年大会上的讲话》，《人民日报》2021 年 7 月 2 日第 2 版。

系列伟大成就使中华民族伟大复兴进入了不可逆转的历史进程。

新民主主义革命的伟大成就为中华民族伟大复兴创造了良好社会条件。新民主主义革命一举推翻了帝国主义、封建主义、官僚资本主义"三座大山"，变革了阻碍中国生产力发展的落后生产关系，实现了民族独立和人民解放，中国人民真正成为国家的主人，中华民族从此站起来了，中华民族伟大复兴拥有了良好的社会条件。

社会主义革命和建设的伟大成就为中华民族伟大复兴奠定了根本政治前提和制度基础。新中国成立后，党领导中国人民根据当时中国具体情况，灵活运用马克思主义创造性地开辟了社会主义改造道路，通过对农业、手工业和资本主义工商业进行社会主义改造，成功将生产资料私有制转变为公有制，促使中国经济社会结构发生根本变化，并推动社会主义基本制度逐步确立，进而为当代中国的发展奠定了根本的政治前提和制度基础。

改革开放和社会主义建设的伟大成就为中华民族伟大复兴提供充满新的活力的体制保证和快速发展的物质条件。改革开放开创了中国特色社会主义道路，是决定中国命运的关键一招，极大地解放了人民的思想，全方位激活了中国经济社会发展的活力，为中国特色社会主义的发展汇聚了磅礴伟力，促使中国经济社会得到了前所未有的巨大发展。

新时代中国特色社会主义的伟大成就为中华民族伟大复兴提供了更为完善的制度保证、更为坚实的物质基础、更为主动的精神力量。中国特色社会主义进入新时代，以习近平同志为核心的党中央立足我国历史发展新方位，始终坚持以人民为中心，全面建成了小康社会，历史性地解决了绝对贫困问题，开启了全面建成社会主义现代化强国新征程，切实推动中华民族伟大复兴进入了前所未有的新发展阶段，中华民族伟大复兴比历史上任何时期都离我们更近。

二　中华民族伟大复兴何以必须走共同富裕之路

中华民族伟大复兴之所以进入了不可逆转的历史进程，是因为中国共产党领导中国人民不忘初心牢记使命，走出了一条共同富裕之路，而要顺利实现中华民族伟大复兴，必须继续走共同富裕之路。

一方面，就理论而言，共同富裕是社会主义的本质要求，是中国特色社会主义道路、理论、制度、文化自信的根本。中国特色社会主义是建立在公有制基础上的社会主义社会，生产资料不是排他性占有，"社会主义的本质，是解放生产力，发展生产力，消灭剥削，消除两极分化，最终达到共同富裕"。① 共同富裕不等于"同步富裕"，更不是平均主义，共同富裕是一个伴随社会生产力发展水平逐步实现的过程，前提条件是要"解放生产力，发展生产力"。社会主义的本质决定了共同富裕同样是中国特色社会主义道路、理论、制度、文化，都是围绕为民谋福利、为民促共富、为国谋复兴所设计和实践的。

另一方面，就实践而言，共同富裕是中国式现代化的重要特征，是中华民族完成伟大复兴的显著标识。现代化是时代发展大势，虽然中国的现代化起步较晚，但在中国共产党带领中国人民百年持续奋斗下，中国式现代化取得了举世瞩目的伟大成就。中国式现代化，是一个中华民族从站起来、富起来到强起来的进程，是从实现民族独立和人民解放，到逐步解决温饱、全面建成小康社会，再到全面建成社会主义现代化强国的过程，这一过程也是一个不断解放和发展生产力，逐步走向共同富裕和实现民族伟大复兴的过程。新民主主义革命是中国现代化的准备阶段；社会主义革命和建设真正拉开了中国现代化大幕；改革开放开创了中国特色社会主义道路，推动中国现代化高速发展；中国特色社会主义

---

① 《邓小平文选》第三卷，人民出版社1993年版，第373页。

进入新时代，全面建成小康社会，中国现代化迈入了全面建设社会主义现代化强国新征程。当前，中国式现代化建设进入了新的发展阶段。这也决定了新发展阶段的重要使命是通过持续"解放生产力，发展生产力"，最终为实现共同富裕奠定更坚实的基础。

三　以共同富裕推进中华民族伟大复兴

中国式现代化建设，既是一个通过解放和发展生产力逐步实现共同富裕的具体进程，也是一个以实现共同富裕推进中华民族伟大复兴的历史过程。中华民族伟大复兴之所以进入了不可逆转的历史进程，是因为百年来中国共产党领导中国人民走出了一条共同富裕之路，充分发挥了全党全国各族人民的聪明才智、汇聚磅礴力量的结果。未来要顺利建成社会主义现代化强国、实现中华民族伟大复兴，就必须沿着共同富裕这条成功之路继续奋勇前进，让发展成果更多更公平惠及全体人民、共同富裕取得更为实质性的成果。

首先，第一次、第二次、第三次分配都要体现共同富裕的社会主义的本质要求。分配制度直接关系着一个社会的财富流向，科学合理的分配制度是缩小社会贫富差距、促进社会公平正义、推动社会和谐发展的重要方式。以共同富裕促进中华民族伟大复兴，在具体分配时要把公平正义放到更为重要的位置，通过制定科学合理的初次分配、再次分配、三次分配制度，借助税收、社保、社会福利等不断调节收入差距，切实扩大中等收入群体规模，要重点征收资产税而不是个人所得税，为中华民族伟大复兴创造更为优越的环境。

其次，巩固脱贫攻坚成果，切实预防返贫问题，不断解决相对贫困问题，重点推进全面乡村振兴。贫困问题是世界性难题，当前我国在全面建成小康社会、历史性解决绝对贫困问题后，巩固拓展脱贫攻坚成果同乡村振兴有效衔接，是建设社会主义现代化强国、走向共同富裕、实现中华民族伟大复兴的重要路径。因此，要在坚持原有扶贫举措的基础上，因地制宜重建乡村集体经济，进一步在政策和制度层面巩固脱贫攻坚成果同全面乡村振兴有效衔接，切实预防返贫问题，不断解决相对贫困问题，坚持因地制宜，发挥乡村特色和优势，以特色化、产业化推进全面乡村振兴，逐步消除城乡二元结构，早日实现共同富裕。

最后，进一步解决好民生问题，切实激活全党全国各族人民聪明才智，在共同富裕之路上阔步前进。医疗、上学、住房、养老、生态环境等民生问题是与人民群众日常生活最为密切的问题，也是老百姓最关心的现实问题。因此，解决好民生问题是实现共同富裕的重要举措，也是实现中华民族伟大复兴的重要标识。习近平总书记强调"要坚持在发展中保障和改善民生"[1]，在具体实践中，要坚持人民至上，不断完善公共服务体系，将公共资源向西部地区、基层区域、贫困群体倾斜，同时，要鼓励西部地区创新发展、勤劳致富、自立自强，汇聚全国各族人民的伟大力量，协力推进共同富裕，再创辉煌。

---

[1] 习近平：《在庆祝中国共产党成立 100 周年大会上的讲话》，《人民日报》2021 年 7 月 2 日第 2 版。

共同富裕是物质富裕和精神富裕的统一[*]

龚 云 杨 静^{**}

共同富裕是社会主义的本质要求，是中国式现代化的重要特征，也是中国人民长久以来的共同期盼。共同富裕是全体人民的富裕，是人民群众物质生活和精神生活都富裕。当前，我国已进入新发展阶段，新阶段指向新目标，新目标引领新征程。实现到 2035 年"全体人民共同富裕取得更为明显的实质性进展"的目标，必须坚持物质富裕和精神富裕相统一。坚持物质富裕和精神富裕相统一是马克思主义的基本观点，也是中国共产党人的一贯追求，更是新时代中国特色社会主义发展的必然要求。

一 坚持物质富裕和精神富裕相统一 是马克思主义的基本观点

马克思主义经典作家指出，阶级社会贫富差距的根源在于私有制，强调要发展社会生产力，最终实现全人类的解放。《共产党宣言》《资

＊ 原载《光明日报》2022 年 1 月 10 日第 6 版。

＊＊ 龚云，中国社会科学院马克思主义研究院副院长，研究员；杨静，中国社会科学院马克思主义研究院马克思主义原理研究部副主任，研究员。

本论》《反杜林论》等经典著作都深刻揭露了资本主义制度的剥削本质，并从生产力与生产关系相互作用的角度指出了劳动者摆脱剥削和压迫的现实途径，提出通过生产方式的变革使得"生产将以所有的人富裕为目的"。列宁在苏联社会主义建设实践的基础上进一步丰富了这一思想。他指出："我们要争取新的、更好的社会制度：在这个新的、更好的社会里不应该有穷有富，大家都应该做工。共同劳动的成果不应该归一小撮富人享受，应该归全体劳动者享受"。① "只有社会主义才可能广泛推行和真正支配根据科学原则进行的产品的社会生产和分配，以便使所有劳动者过最美好的、最幸福的生活。"②

与此同时，马克思主义经典作家认为，文明是物质生产成果和精神生产成果的总和，是一个社会同时实现物质富裕和精神富裕的表征。共产主义社会的目标是实现人的全面发展，其中包括人的自然素质、社会素质和精神素质的发展和提高，以及人的各项权利的充分实现。马克思强调，"个人的全面性不是想象的或设想的全面性，而是他的现实联系和观念联系的全面性……要达到这点，首先必须使生产力的充分发展成为生产条件，不是使一定的生产条件表现为生产力发展的界限"。③ 随着个人全面而自由的发展，社会生产力不断增长，集体财富的一切源泉都充分涌流之后，"社会才能在自己的旗帜上写上：各尽所能，按需分配！"④ 列宁指出，人的全面发展是指人不断发展着的"物质需要"和"精神需要"都得到充分满足的过程。这需要"有相当发达的物质生产资料的生产"提供物质基础，消灭"生产资料私有制"和旧式分工提供制度保障，不断提高全民文化素质。可见，社会主义社会作为共产主义社会的低级阶段，必然把物质富裕和

① 《列宁全集》第 7 卷，人民出版社 1986 年版，第 112 页。
② 《列宁选集》第 3 卷，人民出版社 2012 年版，第 546 页。
③ 《马克思恩格斯文集》第 8 卷，人民出版社 2009 年版，第 172 页。
④ 《马克思恩格斯全集》第 25 卷，人民出版社 2001 年版，第 20 页。

精神富裕相统一的共同富裕作为奋斗目标。

二 坚持物质富裕和精神富裕相统一 是中国共产党人的一贯追求

中国共产党成立一百多年来，始终把实现全体人民共同富裕作为自己的奋斗目标。我们党根据不同时期、不同阶段的历史任务及生产力发展状况，提出共同富裕的阶段性目标并采取有效举措逐步推进。

1921 年党的一大通过的《中国共产党纲领》，提出承认无产阶级专政、消灭资本家私有制的主张。新民主主义革命时期，中国共产党颁布《中国土地法大纲》，提出消灭地主对农民的剥削，保障农民土地权利，亿万农民得到了自己应有的土地。新中国的成立，为实现共同富裕奠定了坚实的制度基础，使毛泽东同志所设想的"可以一年一年走向更富更强的，一年一年可以看到更富更强些""而这个富，是共同的富，这个强，是共同的强，大家都有份"① 的宏伟目标有了可靠的制度保障。1956 年社会主义改造完成以后，生产资料公有制在我国占主体，按劳分配成为最基本的收入分配制度，"使农业能够由落后的小规模生产的个体经济变为先进的大规模生产的合作经济""使农民能够逐步完全摆脱贫困的状况而取得共同富裕和普遍繁荣的生活"② 又有了更加坚实的基础。

改革开放和社会主义现代化建设新时期，邓小平同志将实现共同富裕确定为社会主义的根本目标和优越性的充分体现，指出："我们坚持走社会主义道路，根本目标是实现共同富裕"③ "社会主义最大

① 《毛泽东文集》第六卷，人民出版社 1999 年版，第 495 页。
② 《毛泽东文集》第六卷，人民出版社 1999 年版，第 442 页。
③ 《邓小平文选》第三卷，人民出版社 1993 年版，第 155 页。

的优越性就是共同富裕，这是体现社会主义本质的一个东西"①，强调
"我们要建设的社会主义国家，不但要有高度的物质文明，而且要有
高度的精神文明"② "不仅经济要上去，社会秩序、社会风气也要搞
好，两个文明建设都要超过他们，这才是有中国特色的社会主义"③。
在实践上，通过实施沿海带动内地、先富带动后富、工农业相互支援
等政策，使中国人民期盼的共同富裕迈出了坚实步伐，在中国共产党
的领导下走上了"富起来"的征程。江泽民同志多次强调，"实现共
同富裕是社会主义的根本原则和本质特征，绝不能动摇"④ "物质贫
乏不是社会主义，精神空虚也不是社会主义"⑤。1993 年，党的十四
届三中全会通过的《中共中央关于建立社会主义市场经济体制若干问
题的决定》强调，要坚持以按劳分配为主体、多种分配方式并存的制
度，体现效率优先、兼顾公平的原则，逐步实现共同富裕；1994 年
开始实施《国家八七扶贫攻坚计划（1994—2000 年）》；2001 年实
施《中国农村扶贫开发纲要（2001—2010 年）》。这些要求和举措有
力地推动了物质富裕和精神富裕的进程。随着实现共同富裕实践的不
断推进，胡锦涛同志反复强调，"必须坚持走共同富裕道路。共同富
裕是中国特色社会主义的根本原则"⑥ "我们要建设的现代化，是物
质文明和精神文明全面发展的社会主义现代化"⑦。2002 年党的十六
大首次提出统筹城乡经济社会发展的要求，其后进一步提出"工业反
哺农业、城市支持农村"的基本方针，以缩小城乡差别、工农差别、
脑体差别，实现共同富裕。党的十六届五中全会提出建设社会主义新

---

① 《邓小平文选》第三卷，人民出版社 1993 年版，第 364 页。
② 《邓小平文选》第二卷，人民出版社 1994 年版，第 367 页。
③ 《邓小平文选》第三卷，人民出版社 1993 年版，第 378 页。
④ 《江泽民文选》第一卷，人民出版社 2006 年版，第 466 页。
⑤ 《江泽民文选》第一卷，人民出版社 2006 年版，第 621 页。
⑥ 《胡锦涛文选》第三卷，人民出版社 2016 年版，第 624 页。
⑦ 《胡锦涛文选》第三卷，人民出版社 2016 年版，第 589 页。

农村，将"以工促农、以城带乡"的发展策略更加具体化和明晰化。2007 年党的十七大对全面建设小康社会提出新要求，实现共同富裕在各个方面、多个领域全面铺开。

党的十八大以来，习近平总书记多次强调"我们必须坚持发展为了人民、发展依靠人民、发展成果由人民共享"①，指出在发展过程中"绝不能出现'富者累巨万，贫者食糟糠'的现象"②，提出实现共同富裕这项工作"不能等"等理念和要求，带领全党全国各族人民，为朝着共同富裕方向稳步前进作出更加有效的制度安排。着力解决发展不平衡不充分问题，着重解决人民群众急难愁盼问题。把脱贫攻坚摆在治国理政的突出位置，作为全面建成小康社会的底线任务，组织实施了人类历史上规模最大、力度最强、涵盖最全的反贫困斗争，使近一亿农村贫困人口实现脱贫，历史性地解决了我国的绝对贫困问题。国内生产总值、人均国内生产总值分别突破一百万亿元和一万美元，中等收入群体超过四亿人，实现从低收入国家到中等偏上收入国家的历史性跨越，为实现共同富裕创造了扎实基础、提供了良好条件。在此基础上，以习近平同志为核心的党中央为我国实现共同富裕制定了时间表：到"十四五"末，全体人民共同富裕迈出坚实步伐，居民收入和实际消费水平差距逐步缩小；到 2035 年，全体人民共同富裕取得更为明显的实质性进展，基本公共服务实现均等化；到本世纪中叶，全体人民共同富裕基本实现，居民收入和实际消费水平差距缩小到合理区间。现实成就的取得、阶段性目标的规划，确保我们党设定的共同富裕目标能够如期实现。

---

① 习近平：《论把握新发展阶段、贯彻新发展理念、构建新发展格局》，中央文献出版社 2021 年版，第 42 页。
② 习近平：《论把握新发展阶段、贯彻新发展理念、构建新发展格局》，中央文献出版社 2021 年版，第 42 页。

三 为促进共同富裕提供良好的
物质条件和精神环境

坚持物质富裕和精神富裕的统一，是实现全体人民共同富裕的题中应有之义，需要齐抓共建、相互促进、同向发展。促进共同富裕，我们既要提供良好的物质条件，又要提供良好的精神环境。

良好的物质条件是扎实推动共同富裕的坚实基础。马克思、恩格斯指出："当人们还不能使自己的吃喝住穿在质和量方面得到充分保证的时候，人们就根本不能获得解放。"① 只有生存所需的物质条件满足了，并且经济实现了高质量、快速发展，人们才会有更多时间精力追求更高层次、更加丰富、更为多样的精神需要的满足。当前，我国发展不平衡不充分问题仍然突出，城乡区域发展和收入分配差距较大，各地区推动共同富裕的基础和条件不尽相同，这在一定程度上制约了人们所追求的精神层面的满足。因此，必须坚持以习近平新时代中国特色社会主义思想为指导，坚持党的全面领导，对经济、政治、文化、社会、生态等工作进行科学谋划、统筹布局，在高质量发展中保障和改善民生。建立科学的公共政策体系，给更多人创造勤劳致富的机会，通过良好物质环境的塑造和提供，使民生福祉得到切实提升，让人民共享社会的发展成果，扎实推进共同富裕向更高层面迈进。党的十九届五中全会明确了"全体人民共同富裕取得更为明显的实质性进展"的目标，并在就业、教育、收入和社会保障等方面进行了一系列具体的制度安排，把着力点放在事关老百姓切身利益的方方面面。2021 年 12 月召开的中央经济工作会议指出，既要不断解放和发展社会生产力，不断创造和积累社会财富，又要防止两极分化，首先要通过全国人民共同奋斗把"蛋糕"做

---

① 《马克思恩格斯选集》第一卷，人民出版社 2012 年版，第 154 页。

大做好，然后通过合理的制度安排把"蛋糕"切好分好。这是一个长期的历史过程，要稳步朝着这个目标迈进。与这些要求相呼应的一系列举措，将为扎实推动共同富裕形成良好物质支撑。

良好的精神环境是扎实推动共同富裕的有力保障。习近平总书记强调，要强化社会主义核心价值观引领，加强爱国主义、集体主义、社会主义教育，发展公共文化事业，完善公共文化服务体系，不断满足人民群众多样化、多层次、多方面的精神文化需求。要加强促进共同富裕的舆论引导，澄清各种模糊认识，防止急于求成和畏难情绪，为促进共同富裕提供良好舆论环境。内涵丰富、形式多样、积极向上、弘扬正气、催人奋进的精神食粮与产品的提供，不但能使人精神抖擞、乐观向上、富有朝气，而且能以饱满的精神状态轻松愉悦地高效工作，为整个社会提供更为丰富的物质产品和社会财富，在物质富裕与精神富裕良性互动中不断推进社会发展、实现共同富裕。为此，必须坚持物质文明和精神文明两手抓，实施文化惠民工程，不断提高城市和农村的公共文化服务水平，切实保障人民群众基本文化权益，把精神文明建设贯穿到新时代中国特色社会主义实践的全过程。《中共中央国务院关于支持浙江高质量发展建设共同富裕示范区的意见》强调，加强精神文明建设，推动生态文明建设先行示范，打造以社会主义核心价值观为引领、传承中华优秀文化、体现时代精神、具有江南特色的文化强省，实现国民素质和社会文明程度明显提高、团结互助友爱蔚然成风、经济社会发展全面绿色转型，成为人民精神生活丰富、社会文明进步、人与自然和谐共生的幸福美好家园。这是因地制宜实现精神富裕的具体规划和部署安排，能够为促进人民精神生活丰富探索路径、积累经验、提供示范。

新发展阶段促进共同富裕具有坚实基础

张车伟*

改革开放以来，通过允许一部分人、一部分地区先富起来，先富带动后富，极大地调动人民的积极性、主动性、创造性，极大地解放和发展了社会生产力，人民群众生活水平不断提高。党的十八大以来，以习近平同志为核心的党中央，把逐步实现全体人民的共同富裕摆在更加重要的位置上，采取有力措施保障和改善民生，打赢脱贫攻坚战，全面建成小康社会，为新发展阶段推动共同富裕奠定了更加坚实的基础。

高质量发展为实现共同富裕奠定坚实物质基础。进一步解放和发展生产力是打牢人民共同富裕坚实基础的基本前提。习近平总书记强调："我们的责任，就是要团结带领全党全国各族人民，继续解放思想，坚持改革开放，不断解放和发展社会生产力，努力解决群众的生产生活困难，坚定不移走共同富裕的道路。"① 从 1978 年到 2020 年，我国 GDP占世界经济的比重从 1.8% 提高到 17% 左右，对世界经济增长的年均贡献率为 18% 左右；2020 年居民人均可支配收入 32189 元，比 1978 年实际增长几十倍。进入新发展阶段，我国已经成为世界第二大经济体、第

* 张车伟，中国社会科学院人口与劳动经济研究所所长，研究员。
① 习近平：《论把握新发展阶段、贯彻新发展理念、构建新发展格局》，中央文献出版社 2021 年版，第 22 页。

一大工业国、第一大货物贸易国、第一大外汇储备国,人均GDP突破1.2万美元大关,按照世界银行的标准已经接近高收入国家的门槛。未来,我们要以推动高质量发展为主题,坚定不移贯彻新发展理念,加快构建新发展格局,推动质量变革、效率变革、动力变革,进一步解放和发展社会生产力,努力实现更高质量、更有效率、更加公平、更可持续、更为安全的发展,继续为实现共同富裕奠定坚实物质基础。

中等收入群体规模持续扩大,为实现共同富裕提供了社会主体基础。进入新发展阶段以来,我国中等收入群体规模已经超过4亿人。根据国际经验,第二产业占比较高,则更容易保持较小的收入差距,有利于中等收入群体的规模扩大。我国第二产业的占比一直保持在40%左右,避免了产业空心化倾向,有利于缩小收入差距,同时,金融和房地产占比较低,也有利于扩大中等收入群体的规模。进入新发展阶段,构建以国内大循环为主体的新发展格局,必须打通经济堵点淤点,扩大中等收入群体,提高低收入居民的收入水平。2020年,居民人均可支配收入达到32189元,实际增长2.1%,继续实现了与经济基本同步增长。坚持通过就业来扩大中等收入群体的来源,高校毕业生、技术工人、进城农民工、中小企业主和个体工商户等都是有望进入中等收入群体的重要方面。城镇调查失业率稳定在5%左右,接近充分就业的目标;城镇新增就业既保障城镇劳动力充分就业,也为农业富余劳动力转移就业留出了足够空间;就业市场不断完善,全国企业劳动合同签订率连续几年保持在90%以上,劳动者各项权益得到更加有效的保障;工资水平大幅提升,全国平均最低工资标准年均增幅达到10%左右。

脱贫攻坚和全面建成小康社会夯实了实现共同富裕的重要基础。进入新发展阶段以来,党中央团结带领全党全国各族人民,把脱贫攻坚摆在治国理政突出位置,充分发挥党的领导和我国社会主义制度的政治优势,采取了许多具有原创性、独特性的重大举措,组织实施了人类历史上规模最大、力度最强的脱贫攻坚战。经过8年持续奋斗,我们如期完成了新时代脱贫攻坚目标任务，现行标准下农村贫困人口全部脱贫，贫困县全部摘帽，消除了绝对贫困和区域性整体贫困，近1亿贫困人口实现脱贫，832个贫困县全部摘帽，12.8万个贫困村全部出列，区域性整体贫困得到解决，取得了令全世界刮目相看的重大胜利。脱贫攻坚是实现共同富裕的重要基础，只有实现全面脱贫才能为实现共同富裕奠定扎实基础。共同富裕是脱贫攻坚和全面小康的目的所在，只有促进共同富裕，才能真正巩固脱贫攻坚和全面小康的成果，更加彰显中国特色社会主义制度的优越性。

基本公共服务均等化深入推进为实现共同富裕奠定了再分配制度基础。基本公共服务均等化制度体系更加健全，以国家基本公共服务标准为基础的基本公共服务标准体系逐步形成。大病保险制度、社会救助制度、养老托育服务等一系列关系人民群众基本生活保障的重大制度安排逐步建立健全。服务设施更加完善，全国义务教育学校办学条件已经全部达到"20条底线"要求，全面消除了大班额。纵向到底、横向到边的公共卫生体系也在加快构建。每千人医疗卫生机构的床位数达到了6.51张，全国广播电视综合覆盖率达到99%以上。社会兜底能力和保障水平都在显著提高。截至2020年年底，城乡居民最低生活保障平均标准分别达到了678元/人·月和5962元/人·年，基本养老保险、基本医疗保险、失业保险和工伤保险的参保人数分别达到9.99亿人、13.6亿人、2.17亿人和2.68亿人。建成了世界上规模最大的社会保障体系。区域城乡更加均衡。绝大多数地区实现了县域内义务教育基本均衡发展，85%以上的随迁子女进入公办学校就读，或者享受政府购买学位服务。完善住房保障制度体系，着力解决人口流入多、房价高的城市的住房保障问题。2020年，城乡居民收入比率缩小到2.56，基本公共服务均等化深入推进缩小了城乡地区差距。

更充分和更高质量就业是维系经济循环畅通的重要保障，是实现共同富裕的必要条件和基础。进入新发展阶段以来，我们将就业摆在经济社会发展优先位置，创新实施就业优先政策，推动就业工作取得积极进展。从社会整体来看，千千万万劳动力从无业转向就业、从非正规就业转向正规就业、从低效率产业转向高效率产业活动，逐渐实现更高质量的就业，意味着更多的人力资源被更有效地动员起来，从而能够创造更多财富。同时，日益壮大的就业大军也促进了社会分工的不断深化，劳动者也在劳动过程中通过"干中学"提升了知识和技能水平，从而提高生产效率，促进经济增长。1978 年以来，我国劳动力数量从 4.07 亿人提高到 2019 年的 8.11 亿人，我国就业人口数量则从 4.15 亿人提高到 2020 年的 7.05 亿人，其中 1978 年到 2020 年非农就业人口从 1.18亿人增加到 5.73 亿人，城镇劳动力从 0.95 亿人增加到 4.62 亿人，占比从 23.7%提高到 61.6%。从发展质量来看，新中国成立以来，就业者的知识技能水平有了大幅度提高，从供给方面拉动了产出增长，促进了经济生产效率不断提高。按照可比价格计算，我国劳动生产率从1978 年的人均 3472 美元，提高至 2020 年的 25108 美元，增长6.23 倍。

立足新发展阶段，改善收入分配格局，既是构建新发展格局、保持经济高质量发展的内在要求，又是落实共享发展的新发展理念的具体体现，还是提高经济发展的自主性平衡性和协调性、防范化解重大金融风险的必然选择。目前，与新发展阶段相适应的收入分配格局正在形成，制约消费需求和国内大循环的顺畅程度的因素正在消除。要协调推进三次收入分配，协调好劳动与资本、企业与政府、高收入群体与中低收入群体、中央和地方、实体经济和虚拟经济、新经济和传统经济的分配关系，扩大中等收入群体规模。历史经验表明，劳动报酬具有收入均等化的作用，资本报酬具有收入集中化的作用。资本报酬份额偏高，收入差距就容易扩大，金融风险也容易集聚，而初次分配的这种偏差越大，再分配和三次分配的阻力也就越大。因此，要抓住主要矛盾，理顺初次分配中的劳资分配关系，这是国民收入合理分配的基础和关键。要加快构建高水平社会主义市场经济体制，保护和激发劳动者创造财富的积极性，继续坚持提高劳动报酬份额，创造更多勤劳致富的机会。

发展为了人民，这是马克思主义政治经济学的根本立场。习近平总书记发表一系列重要论述、提出一系列重要论断、阐明一系列重要观点，对共同富裕理论作出新阐释，对共同富裕战略作出新部署。新的征程上，必须以习近平经济思想为指导，坚持以人民为中心的发展思想，准确把握新发展阶段，深入贯彻新发展理念，加快构建新发展格局，紧扣新时代我国社会主要矛盾的变化，不断夯实党长期执政的基础，推动全体人民共同富裕取得更为明显的实质性进展。

充分估计实现共同富裕的长期性、艰巨性和复杂性[*]

姚枝仲^{**}

"共同富裕是一个长远目标，需要一个过程，不可能一蹴而就，对其长期性、艰巨性、复杂性要有充分估计，办好这件事，等不得，也急不得。"① 这是习近平总书记 2021 年 8 月 17 日在中央财经委员会第十次会议讲话中作出的重要论断。把握这一论断需要充分理解现实条件和共同富裕目标之间的关系，充分理解实现共同富裕作为一个世界性难题带来的挑战和中国特殊国情带来的挑战，充分理解循序渐进、久久为功在实现共同富裕过程中的重要性。

共同富裕是马克思主义的基本目标，也是中国共产党人矢志不渝的追求。邓小平在改革开放初期就明确把共同富裕当作一个长远目标，并且提出了实现共同富裕的路径，即要允许一部分人先富起来，用先富带动后富，最终实现共同富裕；同时，还指出了大致的时间安排，即在基本实现小康之后，把实现共同富裕当作重要任务。党中央在基本实现小康之后，作出了再用 20 年建成全面小康社会的重大决策；并在全面建

---

　* 原载《社科院专刊》2022 年 2 月 25 日。
　** 姚枝仲，中国社会科学院世界经济与政治研究所党委书记、副所长，研究员。
　① 习近平：《扎实推动共同富裕》，《求是》2021 年第 20 期。

成小康社会的基础上，制定了实现共同富裕的蓝图，即到"十四五"末，全体人民共同富裕迈出坚实步伐，到2035年，全体人民共同富裕取得更为明显的实质性进展，到本世纪中叶，全体人民共同富裕基本实现。这就意味着，从改革开放初期开始，我们用了20年时间基本实现小康，又用了20年时间全面建成小康社会，将再用30年时间，基本实现共同富裕，还将用若干年时间，才能全面建成共同富裕社会。共同富裕是一个比小康程度更高、需要用更长时间才能实现的目标。

今天，我国已经站在了全面建成小康社会的坚实基础上，已经到了扎实推动共同富裕的历史阶段。

但是，我国提高发展水平和人均收入水平还任重道远。我国仍然是世界最大发展中国家，仍将长期处于社会主义初级阶段，仍将长期致力于发展，不断提高人民收入水平和生活水平，如此才能实现共同富裕。按照世界银行的计算，2020年我国人均国民总收入为10610美元，约为美国的1/6，不足高收入经济体平均水平和发达经济体中位数水平的1/4。假定我国未来人均国民收入能长期保持4%—5%的年增长率，且比包括美国在内的高收入经济体和发达经济体年均增长率高3个百分点，则在不考虑通货膨胀和汇率变动的情况下，我国人均国民收入达到高收入经济体平均水平和发达经济体中位数水平大致需要48年，达到美国的人均收入水平需要62年。人民币升值等因素将缩短我国人均国民收入升级时长，而我国经济增速下滑幅度过大则将延长升级时长。

同时，我国降低居民收入差距还任重道远。根据国家统计局公布的数据，2020年我国居民收入基尼系数达0.468。基尼系数高于0.4就表明存在较大的居民收入差距。而一个收入相对平等的社会中，基尼系数应降至0.3甚至更低。大幅度缩小居民收入差距是非常不容易的。

一方面，在保持经济活力的同时实现相对平等的收入分配是一个世界级难题。在发达经济体中，美国是经济活力较大、一直保持持续相对较快增长的国家，但是美国并没有很好地解决其收入分配中的不平等问题。根据美国商务部数据，美国 2020 年居民收入基尼系数高达 0.49。美国因收入不平等而爆发的社会冲突层出不穷，如占领华尔街运动、种族冲突等，甚至因国内收入不平等而引发了其对外经济政策大转向，导致美国从全球化的推动者转变成为反全球化的急先锋。法国、意大利等将居民收入基尼系数降至 0.3 左右的国家，其经济活力低于美国，2020 年人均国民收入低于发达经济体的中位数水平，而且近些年来，国内也频繁爆发因收入不平等引发的社会冲突。葡萄牙和希腊等将基尼系数降至 0.3 左右的国家，经济活力更是显著低于美国，人均国民收入在发达经济体中接近垫底。一些发展中国家，特别是阿根廷等拉美国家，在收入水平还不是很高的时候，快速提高居民福利水平，不仅造成了很大的财政压力，还损害了居民和企业的生产积极性，结果不断出现经济危机、社会危机和政治危机，经济发展缓慢甚至停滞和倒退，社会平等程度也未得到显著改善。

另一方面，新一轮科技革命和产业变革有力推动了经济发展，也对就业和收入分配带来深刻影响，包括一些负面影响，需要有效应对和解决。数字技术、人工智能的发展，带来了新一轮明显的"创造性破坏"，在新业态兴起和新的就业岗位被创造的同时，一些传统业态和就业岗位受到负面冲击甚至被淘汰，低收入群体获得就业机会和劳动收入更加艰难。另外，数字技术具有很强的网络效应和规模经济效应，容易形成垄断并导致财富加速向少数人积聚。数字技术和人工智能的发展，代表技术进步和产业革命的新方向，也是我国追赶和引领世界技术前沿、推动创新发展的主要方向，其对收入分配带来的负面影响，在一定程度上提高了我国实现全体人民共同富裕的难度。

同时，我国在实现共同富裕的过程中，还有很多特殊国情带来的问题需要解决。

我国存在较大的区域差距。2020 年，东部最富裕省级行政区域上海，居民人均可支配收入为 7.2 万元，西部最不富裕省级行政区域甘肃，居民人均可支配收入仅为 2.0 万元，前者约是后者的 3.6 倍。上海的人均 GDP 更是高达 15.6 万元，而甘肃只有 3.6 万元，前者约是后者的 4.3 倍。

我国还存在明显的城乡差距。2020 年全国城镇居民人均可支配收入为 4.4 万元，农村居民人均可支配收入为 1.7 万元，城乡居民可支配收入比达 1：2.59。我国农村全部脱离绝对贫困，实现了小康。与此同时，2020 年我国农村常住人口多达 5.1 亿人，而农业增加值仅为 7.8 万亿元，农村居民人均农业增加值仅约为 1.5 万元，只有全国人均 GDP 的 1/5。由于农业增加值在 GDP 中的比重是不断降低的，农业增加值增长率低于 GDP 增长率，仍然需要下很大功夫才能实现农村常住人口收入水平向城市收入水平收敛，特别是需要大力发展农村的非农产业和继续促使农村人口向城镇转移。

我国城镇还有 3.8 亿流动人口，其中包括约 2.9 亿农民工。这些农民工在城镇工作、生活，但是在住房、医疗、子女入学等方面不能和具有户籍的城镇居民享受同等待遇。如果不能解决这些流动人口特别是农民工的公共服务均等化问题，就很难说实现了全体人民的共同富裕。要解决公共服务均等化问题，不仅需要依靠继续发展来获得大量财政资金的支持，还需要户籍制度、教育制度、财政金融制度等一系列配套改革。而且人口流入地和人口流出地面临的任务和挑战完全不同。

可见，实现共同富裕，不能等，一等就会导致收入分配不平等问题恶化，引发社会动荡；不能急，一急可能造成过大财政负担，损害经济发展活力甚至出现发展停滞和倒退，掉入"福利陷阱"，引起经济危机、社会危机，并最终危及政治安全。

实现共同富裕，要有耐心，要循序渐进，提高实效。要量力而行，在发展中逐步缩小收入差距、区域差距、城乡差距，逐步推进公共服务均等化；也要尽力而为，防止放任收入差距、区域差距、城乡差距以及公共服务不均等继续扩大。

实现共同富裕，在时间上，要分阶段，在动态中向前发展，不断提高共同富裕程度；在空间上，要依据各地区不同的基础和条件，因地制宜探索有效路径，不盲目攀比和冒进，特别是要重视和抓好浙江共同富裕示范区建设，总结经验，逐步推开。充分估计实现共同富裕的长期性、艰巨性和复杂性，在时间上稳步提高共同富裕程度，在空间上稳妥扩大共同富裕范围，才能顺利地最终实现全体人民的共同富裕。

扎实推动共同富裕的逻辑内涵[*]

杜　江　龚　浩[**]

在高质量发展中促进共同富裕，是以习近平同志为核心的党中央立足新发展阶段、着眼我国社会主要矛盾变化作出的重大决策，是从全局高度谋划推进全体人民共同富裕的战略之举。理论是实践的先导。浙江推动高质量发展建设共同富裕示范区已先行先试，对共同富裕开展持续的理论研究尤为迫切。扎实推动共同富裕，需要在理论层面形成系统认识，理解并回答其中的关键问题，进而构建推动共同富裕的有效机制，使全体人民朝着共同富裕目标扎实迈进。

从历史逻辑明确"谁来领导"

党政军民学，东西南北中，党是领导一切的。习近平总书记强调："办好中国的事情，关键在党。"[①] 共同富裕是我国人民千百年来追求的

---

[*] 原载《前线》2022 年第 6 期。

[**] 杜江，中国社会科学院副研究员，中国社会科学院大学经济学院副教授；龚浩，中国社会科学院当代中国研究所助理研究员。

① 习近平：《在庆祝中国共产党成立 100 周年大会上的讲话》，《人民日报》2021 年 7 月 2 日第 2 版。

理想。历史和实践均表明，推动共同富裕，关键在于坚持和加强党的全面领导。

理解谁来领导，是新发展阶段推动共同富裕的首要问题。"中国共产党领导是中国特色社会主义最本质的特征，是中国特色社会主义制度的最大优势，是党和国家的根本所在、命脉所在，是全国各族人民的利益所系、命运所系。"① 我们党始终代表最广大人民的根本利益，始终将实现全体人民共同富裕作为奋斗目标，没有中国共产党的领导，全体人民共同富裕、民族复兴必然是空想。党的十八大以来，我们党不断推动改革发展成果更多更公平惠及全体人民，推动共同富裕取得更为明显的实质性进展。因此，扎实推动共同富裕，首先要坚持和加强党的全面领导，充分发挥党总揽全局、协调各方的领导核心作用，把党的领导政治优势和中国特色社会主义制度优势转化为推动共同富裕的强大动力和坚强保障。

回答谁来领导，需要深刻认识马克思主义基本原理和中国发展实践客观规律之间的关系。马克思主义是科学的世界观和方法论，不断推进马克思主义中国化时代化并用以指导实践，在不同发展阶段提出正确的路线政策并完成阶段性的目标任务，是我们党治国理政的重要方法论。在扎实推动共同富裕中坚持党的全面领导，需要将马克思主义普遍原理与我国的发展实践、历史文化传统、时代特征相结合，将我们党治国理政的方法论和推动共同富裕的具体实践相结合，找准推动共同富裕的科学方法和现实路径。

从价值逻辑理解"谁的富裕"

明确谁的富裕，即明确推动共同富裕过程中的分配主体和受益者。

---

① 习近平：《在庆祝中国共产党成立 100 周年大会上的讲话》，《人民日报》2021 年 7 月 2 日第 2 版。

在领导革命、建设和改革的过程中，我们党始终坚持以人民为中心的价值逻辑，强调共同富裕的受益对象是全体人民。习近平总书记强调，"我们追求的发展是造福人民的发展，我们追求的富裕是全体人民的共同富裕"，① 明确回答了推动共同富裕"为了谁、依靠谁、发展成果由谁享有"等重大问题。

理解谁的富裕，要彰显新发展阶段推动共同富裕以人民为中心的价值逻辑。坚持发展成果更多更公平惠及全体人民，把实现好、维护好、发展好最广大人民根本利益作为一切工作的出发点和落脚点；坚持把人民作为推动共同富裕的行动主体和发展成果的分配主体，确保人民在做大"蛋糕"的同时参与分好"蛋糕"；坚持将共同富裕作为全体人民的共同事业，充分调动人民群众的积极性主动性创造性，实现人民共建共创共享不断丰富的物质财富和精神财富。

回答谁的富裕，要全面认识和把握"全体人民"在共同富裕语境中的内涵。共同富裕是在高质量发展中实现国富、企富和民富的统一，只有国富形成强大的综合国力，才能为企业和居民提供优质的公共物品和稳定的生存发展环境；企富能激发社会创新创造活力，为国家和人民提供丰富的物质产品和服务；人民既是贡献者也是受益者，是国富和企富的根本源泉。从分配的角度看，在初次分配、再分配和三次分配中对全体人民应有不同侧重：初次分配应侧重于切实提高劳动者收入，改善目前劳动者收入份额在初次分配中占比不高的现状。初次分配的关键是进一步落实"按劳分配为主体"，建设统一开放、竞争有序的要素市场，提高劳动者受教育程度，使劳动者能够获得合理合法的劳动收入。再分配中，共同富裕更强调居民内部的普遍富裕，通过税收、转移支付缩小城乡之间、区域之间以及居民之间的收入差距。再分配的关键是提

---

① 中共中央宣传部编：《习近平新时代中国特色社会主义思想学习纲要》，学习出版社、人民出版社 2019 年版，第 45 页。

高政策工具的精准性，增加低收入人群收入。三次分配中，鼓励高收入人群和企业更多回报社会，拓展公益慈善事业的发展空间，以此作为助力共同富裕的必要支撑。三次分配的关键是加快推进公益慈善的体制机制改革和法制建设，加强公益慈善事业规范管理。

从理论逻辑把握"何种定位"

明确何种定位，即明确共同富裕在习近平新时代中国特色社会主义思想中的定位。习近平总书记强调，"党的十八大以来，党中央把握发展阶段新变化，把逐步实现全体人民共同富裕摆在更加重要的位置上""现在，已经到了扎实推动共同富裕的历史阶段"。[①] 中国特色社会主义是连续性和阶段性的统一，在不同的发展阶段，我们党不断丰富和发展共同富裕的内涵，对应的阶段性目标也不断调整。新时代，面对社会主要矛盾的变化，推动共同富裕应增强社会发展的平衡性和协调性，满足人们对更高质量更高品质生活的追求，实现人的全面发展。

理解何种定位，是推动共同富裕的重要目标指引。扎实推动共同富裕，应瞄准五个目标任务：一是确保国民经济总量从 2020 年至 2035 年实现稳定增长，奠定共同富裕的前提条件和物质保障；二是全面实施乡村振兴战略，巩固拓展脱贫攻坚成果，坚决守住不发生规模性返贫底线，持续消除推动共同富裕的短板；三是推动更多低收入人群迈入中等收入行列，着力扩大中等收入群体规模，缩小生活水平差距；四是坚定实施区域重大战略和区域协调发展战略，缩小区域生活水平差距和城乡生活水平差距，增强区域发展平衡性；五是加强基础性、普惠性、兜底性民生保障建设，建成高标准全覆盖的社会保障体系。

回答何种定位，需要明确共同富裕在建设社会主义现代化强国中的

---

① 习近平：《扎实推动共同富裕》，《求是》2021 年第 20 期。

坐标位置，谋划好阶段性目标和长远目标的统一。从"十四五"到本世纪中叶，共同富裕分为三个阶段：到"十四五"末，全体人民共同富裕迈出坚实步伐，居民收入和实际消费水平差距逐步缩小。在这一阶段，需努力使人均国内生产总值迈入高收入国家门槛，提高低收入群体的收入、扩大中等收入群体，基本公共服务均等化有序推进，城乡区域发展平衡性明显增强。到 2035 年，全体人民共同富裕取得更为明显的实质性进展，基本公共服务实现均等化。在这一阶段，需努力使人均国内生产总值达到中等发达国家水平，中等收入群体显著扩大并初步形成橄榄形分配结构，城乡区域和居民生活水平的差距持续缩小。到本世纪中叶，全体人民共同富裕基本实现，居民收入和实际消费水平差距缩小到合理区间。在这一阶段，需努力使居民人均可支配收入进入高收入国家行列，橄榄形分配结构基本稳定，基本公共服务在均等化的基础上提质增效，城乡、区域和居民生活水平的差距缩小到合理区间。

从现实逻辑认识"何为富裕"

明确何为富裕，即明确富裕的基本内涵。习近平总书记明确指出，共同富裕是"人民群众物质生活和精神生活都富裕"。[①] 扎实推进共同富裕，就是以不断促进物质富裕为基础，逐步推动和拓展精神富裕，并以此为物质富裕进一步提供价值引导和发展动力，从而形成物质和精神有机统一、相互促进的富裕格局。因此，富裕是一个多维度的综合有机体，包括生活富裕富足、精神自信自强、环境宜居宜业、社会和谐和睦、公共服务普及普惠等，强调实现人的全面发展和社会全面进步。

理解何为富裕，是新发展阶段推动共同富裕的重要目标指向。界定何为富裕，不是简单的经济层面的量化指标，而是需要构建一套科学可

---

① 习近平：《扎实推动共同富裕》，《求是》2021 年第 20 期。

行的共同富裕评价指标体系，其评价边界应更加延展、维度更加全面，包括高质量发展、高水平协调、高标准建设、高效能治理和高品质生活五个方面。高质量发展是动力，通过全面贯彻新发展理念，构建新发展格局，为共同富裕奠定坚实基础；高水平协调是路径，通过促进城乡、区域、产业协调发展缩小贫富差距，为共同富裕提供有力支撑；高标准建设是手段，统筹推进传统基础设施和新型基础设施建设，在推动共同富裕中发挥基础性和先导性作用；高效能治理是关键，通过兼顾高效率发展和高水平服务，为人民群众提供安全稳定、和谐有序的生活软环境；高品质生活是目的，让人民群众从文化教育、医疗卫生、社会保障和工资就业等各个方面有更高的幸福感、获得感和安全感。

回答何为富裕，需要兼顾和平衡好公平和平等的关系，对经济社会发展的客观实际和人民群众的主观感受作双重考量。公平强调客观性，而平等则涵盖人们的主观感受，因而公平对于实现共同富裕具有基础性意义，而人民的主观感受是共同富裕的最终追求。因此，评价共同富裕应建立适用全国的统一评价体系，在这个统一的评价体系下，需要在城乡、地区和各阶层之间有所区分和侧重，使人民普遍感受到平等。同时，相关指标体系应兼具可操作性、可行性和动态性，随着工作阶段和工作重点的变化发展，不断拓宽富裕的衡量维度，综合评价人民福祉的增进。

从实践逻辑厘清"何为共同"

明确何为共同，即明确共同富裕的合理边界，在实践中形成扎实推动共同富裕的有效路径。习近平总书记强调："不是所有人都同时富裕，也不是所有地区同时达到一个富裕水准，不同人群不仅实现富裕的程度有高有低，时间上也会有先有后，不同地区富裕程度还会存在一定差异，不可能齐头并进。"① 扎实推动共同富裕，在高质量发展中，鼓励人们共创共建共享更高品质的物质和精神财富。

理解何为共同，是新发展阶段推动共同富裕的核心路径。新时代，我国发展不平衡不充分问题仍然突出，城乡区域发展和收入分配差距较大，共同之意应是在高质量发展中共同获益，并引入速差概念，让在前期发展中获益较少的低收入人群在高质量发展中获益更多，让在前期发展中发展较慢的地区在高质量发展中发展更快，让代表更高生产力的高新技术产业和企业在高质量发展中成长更快更强。

回答何为共同，在理论中需要把握好公平与效率的关系，在实践中协调处理好总量均值和群体方差的关系。富裕代表经济繁荣，追求的是效率，即要把蛋糕做大，关注的是全体人民的总量均值；共同代表缩小区域、城乡等之间的生活水平差距，体现的是公平，即把蛋糕分好，关注的是群体方差。实现共同富裕，两者同样重要，缺一不可。因而，共同富裕并非同时同步同等富裕，而是"尊重和鼓励公平的收入差距，充分调动生产要素参与积极性，提高生产效率"，② 允许有差别的共同发展，同时将差距控制在合理的阈值内，实现良性竞争和共同发展的同步，既鼓励多劳多得，又有社会保障兜底，达到公平和效率的平衡，形成人人享有的分配格局。以市场为主导力量的初次分配，应体现过程公平，充分调动生产要素参与市场的积极性，提高生产效率，同时坚决遏制一些领域资本的野蛮生长、灰色收入等；以政府为主导力量的再分配，应体现结果公平，在保护居民合法收入的基础上，合理运用税收、转移支付等多种方式调节收入分配，规范各类市场要素健康有序发展；以社会为主导力量的三次分配，应做好初次分配、再分配的补充，调动富裕群体积极性，通过公益慈善等方式更多回报社会。

---

① 习近平：《扎实推动共同富裕》，《求是》2021 年第 20 期。
② 郭冠清：《社会主义的分配理论与实现共同富裕的路径探索》，《扬州大学学报》2022 年第 1 期。

上篇
总论

第二部分

怎样推进共同富裕

实现共同富裕必须坚持党的领导

辛向阳[*]

中国共产党从成立之日起就担负起为人民谋幸福的初心，人民幸福很重要的一个方面就是全体人民要实现共同富裕。可以说，只有在中国共产党的领导下，共同富裕这样一个全体人民不懈奋斗的目标才能真正实现。

一 党的领导为共同富裕的实现提供了科学的理论指南

在一个 14 亿多人口的国家实现全体人民的共同富裕，是人类历史上最为宏大、最为复杂、最为迷人的事业之一。完成好这一事业不允许我们出现任何重大的偏差，更不能出现颠覆性的错误。这就需要科学的理论做指导。我们党始终是在不断丰富和发展关于共同富裕理论的基础上推进实践发展的。

我们党强调，社会主义的本质就是实现共同富裕。早在社会主义建设时期，毛泽东同志就指出，社会主义就是一种能够共同富、共同强的

* 辛向阳，中国社会科学院马克思主义研究院党委书记，研究员。

制度，他说："现在我们实行这么一种制度，这么一种计划，是可以一年一年走向更富更强的，一年一年可以看到更富更强些。而这个富，是共同的富，这个强，是共同的强，大家都有份。"① 在改革开放新时期，邓小平同志更是把最终实现共同富裕作为社会主义本质来看待："社会主义的本质就是解放生产力，发展生产力，消灭剥削，消除两极分化，最终达到共同富裕。"② 江泽民同志强调："实现共同富裕是社会主义的根本原则和本质特征，绝不能动摇。"③ 能否实现共同富裕是区别社会主义与其他制度重要的标准。胡锦涛同志进一步强调："使全体人民共享改革发展的成果，使全体人民朝着共同富裕的方向稳步前进。"④

进入中国特色社会主义新时代，我们党更是把共同富裕作为中国式现代化的重要特征来看待。习近平总书记讲：共同富裕是社会主义的本质要求，是中国式现代化的重要特征。习近平总书记多次指出，共同富裕是社会主义的本质要求，是人民群众的共同期盼，是我们党坚持全心全意为人民服务根本宗旨的重要体现。他还强调，中国式现代化就是实现共同富裕的现代化。他指出：共同富裕本身就是社会主义现代化的一个重要目标。我们要始终把满足人民对美好生活的新期待作为发展的出发点和落脚点，在实现现代化过程中不断地、逐步地解决好这个问题。在全面建设社会主义现代化国家的新征程中，我们必须把促进全体人民共同富裕摆在更加重要的位置，脚踏实地、久久为功，向着这个目标更加积极有为地进行努力。

我们党从制度本质特征和本质要求的角度阐明了共同富裕的极端重要性，指出实现全体人民共同富裕是为人民谋幸福的着力点，也是夯实党长期执政基础的内在要求。我们党形成了包括共同富裕内涵在内的一

① 《毛泽东文集》第六卷，人民出版社 1999 年版，第 495 页。
② 《邓小平文选》第三卷，人民出版社 1993 年版，第 373 页。
③ 《江泽民文选》第一卷，人民出版社 2006 年版，第 466 页。
④ 《胡锦涛文选》第二卷，人民出版社 2016 年版，第 291 页。

系列重要思想：共同富裕是全体人民的富裕，不是少数人的富裕，也不是一部分人的富裕，是所有人的富裕，是一个也不能少的富裕；共同富裕不是一夜之间大家都富裕起来，也不是整齐划一的平均主义；共同富裕不仅仅是物质生活方面的富裕，是人民群众物质生活和精神生活两个方面都富裕；共同富裕是鼓励勤劳创新致富，是鼓励依法合法致富。正是有了这一系列科学理论的指导，我们才能在实现共同富裕的道路上越走越宽广。

二 党的领导为共同富裕的实现建构了系统的制度体系

使全体人民实现共同富裕不能靠哪个人的主观意志，也不能靠运气，而是靠制度。我们党在推进共同富裕实现的过程中，始终强调制度体系建构的极端重要性，不断用制度体系的完善来解决实现共同富裕所面临的诸多现实问题。

立足社会主义初级阶段，不断丰富和发展社会主义基本经济制度，把共同富裕建立在基本经济制度的完善上。坚持"两个毫不动摇"，坚持公有制为主体、多种所有制经济共同发展。我们党始终强调使公有制为主体的所有制制度成为实现共同富裕的支配性制度，允许一部分人先富起来，重点鼓励辛勤劳动、合法经营、敢于创业的致富带头人。同时始终强调先富带后富、帮后富，用制度化的帮扶来使后富者呈现出一波接着一波的局面。坚持按劳分配为主体、多种分配方式并存，使分配制度成为实现共同富裕的基础性制度。坚持多劳多得，着重保护劳动所得，增加劳动者特别是一线劳动者劳动报酬，提高劳动报酬在初次分配中的比重；健全以税收、社会保障、转移支付等为主要手段的再分配调节机制，强化税收调节，合理调节城乡、区域、不同群体间分配关系；发挥第三次分配作用，发展慈善等社会公益事业。通过所有制制度和分配制度的完善，鼓励勤劳致富，保护合法收入，增加低收入者收入，扩大中等收入群体，调节过高收入，清理规范隐性收入，取缔非法收入。加快完善社会主义市场经济体制，使社会主义市场经济体制成为实现共同富裕的支撑性制度。建设高标准市场体系，完善公平竞争制度，使市场主体能够平等地进行创新创业；强化竞争政策基础地位，落实公平竞争审查制度，加强和改进反垄断和反不正当竞争执法，使市场主体在追求财富的过程中实现更多更高水平的公平性；健全以公平为原则的产权保护制度，这种公平性的产权保护制度一方面鼓励人们大胆在创造中获得财富，另一方面使财富分配更公平；推进要素市场制度建设，实现要素价格市场决定、流动自主有序、配置高效公平，从而为大众创业扫清障碍。

建立科学的公共政策体系，把保障和改善民生建立在经济发展和财力可持续的基础之上，重点加强基础性、普惠性、兜底性民生保障建设。共同富裕不仅是解决收入待遇上的差别问题，还涉及民生领域的方方面面。为此，我们建立健全了诸多制度，即健全幼有所育、学有所教、劳有所得、病有所医、老有所养、住有所居、弱有所扶七个方面国家基本公共服务制度体系，也就是说，通过国家公共财政的投入使这七个方面的"有"能够为所有民众所享有；完善覆盖全民的社会保障体系，健全统筹城乡、可持续的基本养老保险制度、基本医疗保险制度，稳步提高保障水平，还要加快建立基本养老保险全国统筹制度。

三　党的领导为共同富裕的实现谋划了切实可行的具体路径

历史发展到今天，防止两极分化，促进共同富裕，实现社会和谐安定，是我们必须答好的一道必答题。从世界范围内来看，全球收入不平等问题十分突出，一些国家特别是西方国家贫富分化明显加大，中产阶层塌陷，"一亿总中流"断流，导致民族撕裂、族群对立、政治极化、民粹主义泛滥，社会动荡不已。

扩大中等收入群体规模，使共同富裕的主体越来越广泛。共同富裕是全体人民的共同富裕，就要使人民群众这一主体更加广泛地参与到共同富裕的进程中。至少有这样一些主体值得我们关注：低收入人群，通过收入倍增计划等方式，使很多人迈入中等收入行列；高校毕业生，提高高等教育质量，做到学有专长、学有所用、学有所果，使他们在走上社会后能够尽快步入中等收入人群行列；技术工人群体，是中等收入群体的重要组成部分，要加大技能人才培养力度，提高技术工人工资待遇，吸引更多高素质人才加入技术工人队伍，使他们在自身的创造中致富；科学家队伍，他们富有创造力，这种创造力不仅体现在技术发明上，而且体现在技术转化上，这支队伍中很多人都是高收入群体或者中等收入群体中的高收入者；教师队伍，这是中等收入群体中的稳定的力量，要继续推动全社会尊重教师的风尚，抓好教师队伍收入待遇的进一步改善；中小企业主和个体工商户，是创业致富的重要群体，要帮助他们稳定经营、持续增收、不断发展，在发展中不仅成为中等收入群体的中坚力量，而且要向高收入发展；进城农民工，是中等收入群体的重要来源，通过深化户籍制度改革，使常住人口市民化，稳定其就业，同时提升其就业质量；公务员特别是基层一线公务员及国有企事业单位基层职工，是中等收入群体的重要组成部分，要适当提高工资待遇以及其他待遇。中等收入群体的范围随着经济社会发展还会越来越广泛，中国目前的4亿以上的中等收入群体人数到2035年会增加到8亿以上，那时共同富裕的主体基础就会得到极大夯实。

防止社会阶层固化，畅通向上流动通道。实现共同富裕一不是等着天上掉馅饼，掉无数馅饼，大家一起自动富裕；二不是等着一部分人富得流油，富得不能再富了，就捐出自己的一部分收入给穷的人。这些认识都是不对的。共同富裕实质上是给更多人创造致富机会，形成人人参与的发展环境，避免"内卷""躺平"。无论怎样"躺平"，无论是什么方式的"内卷"，只会损害共同富裕事业的发展。同时，要在发展过程中，注意打破一些制度性障碍，切实防止"贫困的代际传递"。

发展政治文明和精神文明，健全全过程人民民主和促进人民精神生活共同富裕，为实现共同富裕提供政治保障和精神动力。实现共同富裕不仅仅是经济领域的事情，也是政治问题。只有不断发展全过程人民民主，使人民当家作主的主体能力发挥出来，才能为财富的创造提供最深厚的政治基础。可以说，没有全过程人民民主的发展，就没有共同富裕的实现。促进共同富裕，是需要精神动力的。一方面通过不断满足人民群众多样化、多层次、多方面的精神文化需求，使人民群众的精神风貌不断改善，以敢于创业、善于创新的精神状态去干事；另一方面要加强促进共同富裕舆论引导，澄清各种模糊认识，防止急于求成和畏难情绪，为促进共同富裕提供良好舆论环境。

实现共同富裕不仅是全体中国人民的共同期待，也是社会主义的本质要求。这个期待、这个要求，只有在党的领导下才能实现，舍此没有他途。

充分发挥制度优势，扎实推进共同富裕

政治学研究所课题组[*]

习近平总书记指出，共同富裕是中国特色社会主义的根本原则，实现共同富裕是我们党的重要使命，要让发展成果更多更公平惠及全体人民，不断促进人的全面发展，朝着实现全体人民共同富裕不断迈进。坚持和发展中国特色社会主义，必须旗帜鲜明地走共同富裕发展道路，坚定不移地把发展作为党执政兴国的第一要务，坚持不懈地解放和发展社会生产力，不断满足人民日益增长的美好生活需要，奋力实现全体人民共同富裕的重大任务。

一　共同富裕是社会主义的本质要求

共同富裕是社会主义的根本特征和根本目标。只有在社会主义条件下，才能促进社会公平正义，满足人民日益增长的美好生活需要，逐步

──────────

　＊ 中国社会科学院政治学研究所课题组负责人：张树华，中国社会科学院政治学研究所所长，研究员。主要执笔人：王炳权，中国社会科学院政治学研究所研究员；赵秀玲，中国社会科学院政治学研究所研究员；王红艳，中国社会科学院政治学研究所副研究员；陈承新，中国社会科学院政治学研究所副研究员；彭才栋，中国社会科学院政治学研究所助理研究员；陈海莹，中国社会科学院政治学研究所助理研究员。

实现全体人民共同富裕。共同富裕是最广大人民的富裕，反映了最广大人民的根本利益，体现了以人民为中心的根本立场。我们在理解和贯彻中央和习近平总书记共同富裕精神和讲话时，要切实提高政治站位，充分认识到共同富裕的重要性。

（一）共同富裕具有深厚的历史渊源和思想基础

共同富裕自古以来就是我国人民的理想追求。自从有了阶级和贫富分化，就有反抗与斗争。习近平总书记指出："一部中国史，就是一部中华民族同贫困作斗争的历史。"[①] 在我国历史上，反抗剥削压迫和"均贫富"的农民起义次数之多、规模之大举世罕见，这主要是绝对贫困和民不聊生所致。为解决这一社会矛盾问题，中国古代不少先哲将共同富裕作为理想追求，孔子提出："不患寡而患不均，不患贫而患不安。"孟子提倡："老吾老以及人之老，幼吾幼以及人之幼。"《礼记·礼运》也描绘了"小康"和"大同"社会，生动反映了对共同富裕、和谐社会的向往。然而，在生产力水平低下、剥削阶级占统治地位的制度下，共同富裕只能是遥不可及的空想。

共同富裕是马克思、恩格斯所设想的未来社会的重要特征。当人类社会发展到资本主义社会，虽然生产力快速发展、物质财富快速增长，但劳动人民贫困化和社会贫富两极分化的程度却不断加深。马克思指出："在一极是财富的积累，同时在另一极，即在把自己的产品作为资本来生产的阶级方面，是贫困、劳动折磨、受奴役、无知、粗野和道德堕落的积累。"[②] 在揭露、批判资本主义制度弊端的基础上，马克思、恩格斯指出："无产阶级的运动是绝大多数人的，为绝大多

---

① 习近平：《论把握新发展阶段、贯彻新发展理念、构建新发展格局》，中央文献出版社2021年版，第508页。

② 《马克思恩格斯选集》第三卷，人民出版社2012年版，第806页。

数人谋利益的独立的运动"，① 在未来社会"生产将以所有的人富裕
为目的"②。

（二）共同富裕是中国特色社会主义的根本原则

习近平总书记指出，"共同富裕，是马克思主义的一个基本目标"，
"反映了社会主义的本质要求，体现了以人民为中心的根本立场"。③ 从
人类社会发展的历史来看，原始社会虽然实行公有制，没有阶级剥削和
奴役现象，但生产力极端落后，没有共同富裕；从奴隶社会、封建社会
到资本主义社会，生产力不断发展，发达资本主义国家的生产率甚至达
到相当高的水准，但存在剥削制度和两极分化，不可能实现共同富裕；
只有社会主义制度的建立，才为实现共同富裕创造了根本条件。搞社会
主义，必须始终坚持共同富裕的原则，坚持以公有制为主体，坚持不断
解放和发展生产力，否则，就要犯方向性、历史性错误。

按照马克思、恩格斯的构想，共产主义社会将在消灭私有制、建立
"自由人的联合体"和推动生产力快速发展的基础上，彻底消除阶级之
间、城乡之间、脑力劳动和体力劳动之间的对立和差别，实行各尽所
能、按需分配，让所有人都过上富裕平等的美好生活，真正实现社会共
享、实现每个人自由而全面的发展。到那时，"生产将以所有的人富裕
为目的"，"所有人共同享受大家创造出来的福利"，"保证一切社会成
员的富足"。

目前，我国还处于社会主义初级阶段，没有达到马克思主义设想的
未来社会，但中国特色社会主义坚持科学社会主义基本原则，具有逐步
实现共同富裕的条件，必然坚持共同富裕方向。习近平总书记指出：

---

① 《马克思恩格斯文集》第二卷，人民出版社 2009 年版，第 42 页。
② 《马克思恩格斯文集》第八卷，人民出版社 2009 年版，第 200 页。
③ 中共中央宣传部编：《习近平新时代中国特色社会主义思想学习纲要》，学习出版社、
人民出版社 2019 年版，第 44 页。

"共同富裕是中国特色社会主义的根本原则，所以必须使发展成果更多更公平惠及全体人民，朝着共同富裕方向稳步前进。"① 消除贫困，改善民生，逐步实现全体人民共同富裕，是社会主义的本质要求。这是当代马克思主义对于"共同富裕"的科学表述。

（三）共同富裕是社会主义现代化的重要目标

现代化是一个世界性潮流，实现现代化是世界各国的普遍追求，在经济文化相对落后的国家建设社会主义，一个紧迫任务就是实现现代化。近代以来，随着资本主义发展，一些西方国家率先迈入现代化国家行列。这些国家的一些人视西方国家为现代化国家、现代化社会的典范，认为其他国家只有接受西方模式才能走向现代化。实际上，西方国家的现代化往往以对海外市场的掠夺占有为前提，其两极分化引发的阶级矛盾一定程度上可向海外转嫁，这种方式不适合后发国家。毛泽东指出："资本主义道路，也可增产，但时间要长，而且是痛苦的道路。我们不搞资本主义，这是定了的。"② 改革开放初期，邓小平指出："现在搞建设，也要适合中国情况，走出一条中国式的现代化道路。"③

中国这样一个超大规模的后发国家，要实现现代化就必须走社会主义道路。富裕是各国现代化追求的目标，但中国式现代化追求的是共同富裕。习近平总书记指出："共同富裕本身就是社会主义现代化的一个重要目标。"④ 理论和实践均已证明，我们追求的发展是造福人民的发展，我们追求的富裕是全体人民共同富裕，要使全体人民朝着共同富裕方向稳步前进，绝不能出现"富者累巨万，而贫者食糟糠"的现象。

---

① 习近平：《习近平谈治国理政》第一卷，外文出版社 2018 年版，第 13 页。
② 《毛泽东文集》第六卷，人民出版社 1999 年版，第 299 页。
③ 中共中央文献研究室编：《邓小平思想年编（一九七五——一九九七）》，中央文献出版社 2011 年版，第 229 页。
④ 习近平：《论把握新发展阶段、贯彻新发展理念、构建新发展格局》，中央文献出版社 2021 年版，第 503 页。

全体人民共同富裕，凸显了中国式现代化的社会主义性质。

（四）共同富裕是完成新发展阶段历史任务的现实需要

全面建成小康社会、实现第一个百年奋斗目标后，我国进入新发展阶段，即全面建设社会主义现代化国家阶段，我国国内国际环境都发生了深刻变化。在国内，我国社会主要矛盾已转化为人民日益增长的美好生活需要和不平衡不充分的发展之间的矛盾。在国际上，当今世界正经历百年未有之大变局，一个拥有14亿人口的中华民族依靠自身艰苦奋斗崛起于世界东方，时势在我，我们所面临的机遇和挑战都前所未有。为此，推动实现共同富裕就变得特别重要和紧迫。

新发展阶段已为共同富裕提供了前提和契机。在改革开放前几十年，我们还不具备共同富裕的条件，为调动各方面的积极性和创造性，我们"让一部分人先富起来"。进入新发展阶段，我们已具备逐步实现共同富裕的物质生活基础。新发展阶段同时为共同富裕提供了机遇和动能。改革开放以来很长一段时间，我们的经济增长倚重以劳动密集型产业为主、市场和资源两头在外的国际大循环。进入新发展阶段，由于我国劳动年龄人口持续下降，低端产业的国际市场日趋饱和，建设社会主义现代化国家必须从构建以国内大循环为主体、国内国际双循环相互促进的新发展格局开始。而只有逐步实现共同富裕，才能持续有效扩大内需，为新发展格局提供市场保障。同时，也只有逐步实现共同富裕，才能夯实我们党的执政基础，有效应对前所未有的各种挑战。

为人民谋幸福、为民族谋复兴，这既是党领导现代化建设的出发点和落脚点，也是新发展理念的"根"和"魂"。只有坚持以人民为中心的发展思想，坚持发展为了人民、发展依靠人民、发展成果由人民共享，才会有正确的发展观、现代化观。

二　实现共同富裕既是长期的又是现实的任务

新中国成立尤其是改革开放以来，我们党始终坚持以促进全体人民共同富裕为一切工作的出发点和落脚点，团结带领全国各族人民开辟了中国特色社会主义道路、理论、制度和文化，创造了经济快速发展和社会长期稳定的"两大奇迹"，为促进全体人民共同富裕奠定了全面而扎实的基础。

党的十八大以来，为了逐步实现共同富裕，以习近平同志为核心的党中央把脱贫攻坚摆在治国理政的突出位置，组织开展了声势浩大的脱贫攻坚战，消除了绝对贫困和区域性整体贫困，创造了彪炳史册的人间奇迹。中国减贫的实践表明，与贫困作斗争，最重要的是勇气、远见、责任和担当。只要有坚定意志和决心并付诸实际行动，就能够向着摆脱贫困、实现共同富裕的美好前景不断迈进。

但是，推进共同富裕这一伟业并非易事，我们对其异常艰巨性和复杂性应有清醒认识。在新发展阶段的历史节点，我们对共同富裕既要充满信心，看到已经取得的历史性伟大成就，更要看到当前存在的巨大压力和艰难险阻，以忧患意识和创造动力开展和推进各方面工作。

（一）思想认识上的偏差对共同富裕产生干扰

虽然党和国家对于共同富裕有明确方向、任务和时间表，也在全国上下形成强烈共识和强劲动力。但是，在具体实践过程中，由于有些干部和群众对共同富裕的性质内涵把握不准，对推进共同富裕的重要性和必要性认识不深，对实现共同富裕的信心不足，在一定范围内出现了思想认识上的偏差：一是"共富均富混淆论"，把推进共同富裕理解成平均分配财富，认为推动共同富裕会导致先富起来的群体转移资产、造成资本外逃而影响我国经济发展。二是"效率公平对立论"，认为推进共同富裕必定会牺牲效率进而影响我国继续做大蛋糕，同时挫伤精英群体的积极性和创造性。三是"共同富裕虚无论"，认为社会成员个体先赋条件迥异，制度调节作用有限，"马太效应"难以避免，共同富裕根本不可能真正实现。四是"时机未到论"，认为目前时机尚不成熟，待到把总蛋糕做得再大一些后再讨论共同富裕。

此外，尽管"穷则独善其身，达则兼济天下"是中华民族始终崇尚的品德和胸怀，"一方有难八方支援"是中华民族始终坚持和弘扬的优良传统，但是，由于市场主义、拜金主义的侵蚀和泛滥，一段时期以来，思想道德滑坡严重，社会风气不正情况突出，为富不仁现象并不鲜见。脆弱群体不但致富技能欠缺，而且"等靠要"思想滋生蔓延，这都在一定程度上影响了共同富裕的推进。应该说，这些认识上的偏差虽不占主流，但影响绝不可低估。

（二）基础条件的巨大差异制约共同富裕

城乡、家庭、学历、工种、身份、地位等因素直接影响一个人的收入以及富裕程度。一个生活于穷乡僻壤的农民要想富裕是很难的，一个一穷二白的家庭要想致富也不可想象，没接受过良好教育又无一技之长的人也难过上美好生活，一些冷门甚至社会需求量不大的工作所得工资待遇往往也不会高。因此，推动实现共同富裕必须面对和克服时下人们存在的巨大基础条件差异。

比如，不少农村农民生活条件恶劣，不要说致富就是正常用水饮水都十分困难，就更不要说享有城市现代的公共设施了。据统计，2019年我国城市社区综合服务设施覆盖率高达92.9%，农村社区则仅有59.3%，其巨大差距显而易见。至于广大农村面临的上学、看病、住房"难"且"贵"问题，更是有目共睹。人民群众的"操心事、烦心事、揪心事"也大量存在，这些方面得不到解决，实实在在的获得感、幸福感、安全感就无从谈起。再如，经济落后的山村家庭本就无钱供孩子上学读书，能考上大学往往很难，一旦有机会考上大学也会给家庭造成巨大压力，加之就业难、买不起房、找对象难等因素，直接决定了农民脱贫致富之路艰辛，这是城市富裕家庭无法想象的。为改变我国存在的基础条件差异，党和国家制定了一系列制度规定并采取各种措施，通过拆迁并居、新农村建设、脱贫攻坚帮扶、加大公共产品供给均等化、对贫困学生进行贷款救助等，取得了显著成绩，但目前取得的成绩还是阶段性的，今后还有很长很远的路要走。

（三）现实国情对实现共同富裕提出挑战

实现共同富裕对我国来说并非易事。这是因为：第一，国家大。我国设有中央、省、市、县、乡五个行政层级和基层自治组织，到2019年年底，省、地、县级的行政区划单位分别为34个、333个、2846个，村委会53.3万个，居委会11万个。五个层级的人权、事权和财权结构复杂，横向府际关系较难协调，一定范围存在的本位主义、地方保护主义使得纵横关系更加复杂。

第二，人口多。我国总人口14亿多人，脆弱群体规模庞大，残疾人口多。到2019年年底，全国有1000万困难残疾人需要补助，60周岁和65周岁及以上老人分别为2.5亿人和1.7亿人，占总人口的18.1%和12.6%。我国相对贫困人口规模庞大，刚走出绝对贫困的9889万人有待继续帮扶，860万城市低保户需要照顾。我国尚有近6000万文盲，西部有的少数民族地区的文盲率高达10%。

第三，地域广。我国陆地面积超过960万平方千米，位列世界第三，这为实施战略腾挪预留了充足空间，但戈壁、沙漠、高原等不适宜人居的土地面积占40%，资源的地域分布不均导致人口密度不合理、区域发展不平衡问题十分突出，这为共同富裕带来巨大困难和挑战。从"胡焕庸线"（即"黑河—腾冲线"）看，线东南国土占全国总面积的43.8%，居住人口占全国的94.1%，其地貌、产业形态与线西北截然不同，城镇化水平也远高于线西北地区。

第四，基础弱。就全国 GDP 总量而言，我国 1952 年仅有 679.1 亿元，现已超过 100 万亿元，成为世界第二大经济体，约为美国 GDP 总量的七成；但从人均 GDP 角度看，我国刚过 1 万美元，不到美国人均 GDP 的两成。同时，我国基础设施、教育、医疗、卫生等也较为薄弱，尽管当前已大为改善，但缺口大，农村地区欠账尤为突出。

（四）社会活力减弱影响共同富裕

与资本主义社会有着本质的不同，中国特色社会主义制度的最大优势是公有制和以人民为中心，这决定了我们党能够"把人民对美好生活的向往作为奋斗目标，依靠人民创造历史伟业"，但真正将"以人民为中心"落到实处还需要一个过程。

当前，阶层间流动减弱已成为实现共同富裕的障碍。相对固化的阶层凭借权力等资源可大大促进本群体的利益最大化。普通民众则由于缺乏所谓资源，一定程度上被边缘化，成为利益受损方。与改革开放初期的大学生比，今天的大学生面临更多困难，农民出身的大学生更是举步维艰，他们在读书、就业、恋爱、婚姻、买房、生子、养老等方面都面临前所未有的压力与挑战，这不能不说与阶层流动不畅直接相关。

据统计，全国居民人均可支配收入由 1978 年的 171 元增加到 2020 年的 3.2 万元，中等收入群体持续扩大，但高收入组人均可支配收入仍是低收入组的 10.2 倍。更值得注意的是，"2020 胡润百富榜"显示，到 2020 年 8 月，我国个人（及其合伙人）财富多达 20 亿人民币及以上的合计超过 2300 人，其中榜单三甲是马云、马化腾和钟睒睒，其财富分别高达 4000 亿元、3900 亿元和 3650 亿元，而宁夏、青海、西藏三地在 2019 年的 GDP 总量则分别为 3748.48 亿元、2965.95 亿元和 1600 亿元。这从一个侧面反映了阶层与阶层、个人与个人之间差距悬殊。可以说，阶层间流动减弱已经成为推动实现共同富裕的障碍。

（五）腐败和社会不公戕害共同富裕

平等、公开、公平、公正是共同富裕的前提。党的十八大以来，以习近平同志为核心的党中央全面全力进行高压反腐，大力推动实现社会公平正义。但灰色收入、隐形腐败现象依然存在，社会财富仍在流失，不公平现象明显存在。腐败现象和社会不公还会大大影响党和国家形象，影响民心向背，使广大人民群众失去公平竞争、努力奋斗、积极进取创造财富的信心和决心，失去对党和国家的政治信任，失去实现共同富裕动力。因此，如何从公平、正义、平等的角度，建立健全制度机制，用法治的手段彻底铲除产生腐败的土壤，真正实现习近平总书记所强调的"不敢腐、不能腐、不想腐"，以人民群众的"愿不愿意、答不答应、满不满意"作为一切工作的出发点和落脚点，对于全国人民群众实现共同富裕这一伟大目标至关重要。

三　让发展成果更多更公平惠及全体人民

习近平总书记指出，新时代"是全国各族人民团结奋斗、不断创造美好生活、逐步实现全体人民共同富裕的时代"[1]，"我们不能做超越阶段的事情，但也不是说在逐步实现共同富裕方面就无所作为，而是要根据现有条件把能做的事情尽量做起来，积小胜为大胜，不断朝着全体人民共同富裕的目标前进"[2]。我们需要充分发挥党的集中统一领导和我国社会主义制度的政治优势，做好共同富裕的顶层设计，不断探索促进

---

[1]　习近平：《决胜全面建成小康社会　夺取新时代中国特色社会主义伟大胜利——在中国共产党第十九次全国代表大会上的报告》，人民出版社 2017 年版，第 11 页。

[2]　习近平：《论把握新发展阶段、贯彻新发展理念、构建新发展格局》，中央文献出版社 2021 年版，第 95 页。

共同富裕的制度、政策和工作体系，确保"共同富裕路上，一个也不能掉队"，走出一条具有中国特色的共同富裕之路。

（一）将我国经济、社会、文化发展的"蛋糕"做大，形成"大河有水小河满"的局面

实现共同富裕要以生产力发展和物质财富积累为基础。习近平总书记指出："实现全体人民共同富裕的宏伟目标，最终靠的是发展。发展是基础，唯有发展才能满足人民对美好生活的热切向往。没有发展，没有扎扎实实的发展成果，共同富裕就无从谈起。"① 在生产力落后国家建设社会主义，首先要大力发展生产力，让人民过上温饱不愁的小康生活，然后更好满足人民对生存资料、发展资料和享受资料的需要，进而才谈得上实现共同富裕。换言之，共同富裕只能经由温饱到小康再到富裕一个一个目标地实现，积小胜为大胜。

要继续做大富裕的"蛋糕"，让经济、社会、文化财富极大丰富，进一步增加全体人民享有的财富。这就要求充分发挥中国特色社会主义制度优越性，从以下方面更多积累、增加物质和精神财富。

第一，充分发挥农村集体经济能力水平，为广大村民共同富裕打下坚实基础。应学习借鉴一些农村强集体经济的成功经验，在不影响承包户积极性的情况下，做大做强和提高提升集体经济的规模与效益。

第二，大力发挥国有企业力量，这是共同富裕的底气和定海神针。习近平总书记指出："国有企业是推进国家现代化、保障人民共同利益的重要力量"，并要求"国有资本加大对公益性企业的投入"。② 国有企业集人力、物力、财力、技术于一身，也具有规模效益和整体竞争优势，比资本主义私有制具有更大优势，是今后国家发展的引擎。目前，

① 中共中央宣传部编：《习近平新时代中国特色社会主义思想学习纲要》，学习出版社、人民出版社 2019 年版，第 45 页。
② 《习近平谈治国理政》第一卷，外文出版社 2018 年版，第 78 页。

国有企业要突破的瓶颈问题在于：继续进行重要重大技术攻关，强化探索创新引领作用，在"走出去"战略中避免风险隐患发生，发挥整合、融合、互补、增效作用。

第三，壮大公有制经济，更好发挥社会主义公有制的制度优势，以合力、动力、内力达到共建共赢共享的目的。习近平总书记指出："公有制主体地位不能动摇，国有经济主导作用不能动摇。这是保证我国各族人民共享发展成果的制度性保证。"与资本主义国家的私有制不同，我国公有制具有整合资源、集中力量办大事的优势。应进一步发挥社会主义公有制这一制度优势，在经济发展、基础设施建设、社会生产安全、医疗卫生保障、文化文明互建等方面大有作为。

第四，有效推进私营企业与个体经济的发展，这是共同富裕"小河满"的有力举措。改革开放以来，我国改变了"一大二公"局面，这为充分调动广大人民群众积极性和创造性提供了政策支持和制度保证，也有助于充分发挥社会主义市场经济的巨大效能。2021年4月26日，习近平总书记在考察柳州螺蛳粉生产集聚区时指出，我们鼓励民营企业发展，党和国家在民营企业遇到困难的时候给予支持、遇到困惑的时候给予指导，就是希望民营企业放心大胆发展。因此，我们不仅不会限制，反而会鼓励私人企业及个人创造更多财富，使之成为做大做强国家共同富裕这个蛋糕的有生力量。

（二）改革完善社会主义分配保障制度机制，努力把"蛋糕"分好

通过完善分配机制使社会主义大家庭的每个成员都能充分享受改革开放以来我国所取得的成果，解决贫富分化，缩小收入差距。习近平总书记指出，我们并不是要等到经济发展起来了再去解决社会公平正义问题，而是在任何发展阶段都要解决好经济发展与收入分配问题。他强调："把落实收入分配制度、增加城乡居民收入、缩小收入分配差距、规范收入分配秩序作为重要任务，着力解决人民群众反映突出的问题。"① 改革开放以来，我国按照"多劳多得"原则在分配上基本达到了公平、公正、平等，但在某些方面，分配不公仍然存在，有时还相当严重，既影响党和国家形象，又阻碍共同富裕。

继续坚持"按劳分配"原则，避免等、靠、要思想。目前，确实存在没有按"劳"进行分配的不公现象：或是所"劳"与所"得"不匹配，"劳"少而"得"多；或是钻政策与制度空子，靠投机取巧获益；或是不劳而获，甚至通过违法行为获得暴利，有违公正、公平原则。这就需要依法治理、堵塞漏洞、改变观念，真正将"按劳分配"原则落到实处。

向为党和国家做出巨大贡献的人倾斜，向默默耕耘的科学家倾斜，让他们成为财富的享有者。通过这种倾斜，树立和引导正确的社会价值取向。

加大高收入人群税收制度改革，避免逃税漏税、少缴或不缴税的情况发生。当前，对于国有企业、公职人员的税收已经建立了严格的制度，这也是国家税收的来源主体。然而，许多私企、个人收入大户的纳税情况并不乐观，钻政策漏洞以及合理避税情况不在少数，这就需要建立相应的制度机制，从根本上克服"逃税"的情况。

不断增加广大人民群众特别是相对贫困者的收入和补助。在分配不公方面，广大农民群众、城市职工、脆弱群体所受的影响最大，今后应改善这一状况，除了基本生活待遇外，要提高补助力度、增加公共产品投放量、免除相应的教育医疗费用，让他们更多更好享有社会发展成果。

---

① 中共中央文献研究室编：《习近平关于社会主义社会建设论述摘编》，中央文献出版社2017年版，第25页。

（三）健全基本公共服务体系，补齐影响共同富裕的短板

我国发展不平衡不充分问题仍然突出，重点领域关键环节改革任务仍然艰巨，创新能力不适应高质量发展要求，农业基础还不稳固，城乡区域发展和收入分配差距较大，生态环保任重道远，民生保障存在短板，社会治理还有弱项。努力增进民生福祉，提升共建共治共享水平。进一步健全基本公共服务体系，加强普惠性、基础性、兜底性民生建设，完善共建共治共享的社会治理制度，努力缩小地区、城乡和收入差距，让发展成果更多更公平惠及全体人民，不断增强人民群众获得感、幸福感、安全感。

健全国家公共服务制度体系，加快补齐基本公共服务短板，着力增强非基本公共服务弱项，努力提升公共服务质量和水平。努力提高基本公共服务均等化水平。围绕公共教育、就业创业、社会保险、医疗卫生、社会服务、住房保障、公共文化体育、优抚安置、残疾人服务等领域，建立健全基本公共服务标准体系，明确国家标准并建立动态调整机制，推动标准水平城乡区域间衔接平衡。按照常住人口规模和服务半径统筹基本公共服务设施布局和共建共享，促进基本公共服务资源向基层延伸、向农村覆盖、向边远地区和生活困难群众倾斜。

创新公共服务提供方式。区分基本与非基本，突出政府在基本公共服务供给保障中的主体地位，推动非基本公共服务提供主体多元化、提供方式多样化。在育幼、养老等供需矛盾突出的服务领域，支持社会力量扩大普惠性规范性服务供给，保障提供普惠性规范性服务的各类机构平等享受优惠政策。

当前一些政府部门的基本公共服务存在明显短板，尤其是形式主义、官僚主义等顽瘴痼疾久治不绝，各级权力机关和垄断行业还存在不同程度的作风和行风等问题。面对新形势、新任务，今后应从普惠均

等、智能精准、便捷高效三个方面，在全国范围内搭建并优化高质量共享平台，推进公共产品供给的创新，全面提升政府公共服务，打造便捷高效、高质量的"中国服务"品牌。以技术赋能，智推公共服务标准化建设。"一站式"中心、多元供给和立体化集约化机制，共促服务便捷高效。打造一网通办全程业务的"智慧高效服务"新模式，大力推广网络自助服务，让广大城乡群众随时随地都能享受到优质高效便捷的公共服务。

（四）加强兜底性、基础性、普惠性民生建设，着力解决人民群众"操心事、烦心事"

习近平总书记指出："在当前经济下行压力加大、社会问题矛盾增多的情况下，尤其要履行好保基本、保底线、保民生的兜底责任"，①从实际出发，适应新变化，按照守住底线、突出重点、完善制度、引导舆论的思路，从人民群众最关心最直接最现实的利益问题入手，统筹做好社会保障、医疗卫生、住房等方面的工作。当前，应紧紧抓住民生这个人民幸福之基、社会和谐之本，坚持以保障和改善民生为重点，全力做好普惠性、基础性、兜底性民生建设，在幼有所育、学有所教、劳有所得、病有所医、老有所养、住有所居、弱有所扶等方面不断取得新进展。

要想富，先减负。要坚持问题导向，科学精准、靶向治疗，着力解决人民群众的"操心事、烦心事"，以及全社会普遍关心的老大难问题。实现全体人民共同富裕的美好愿景，一方面加强兜底性、基础性、普惠性民生建设，多提供普惠性、高质量的公共性服务；另一方面加快缓解或解决老百姓上学、看病、住房"难"而"贵"等问题，解决老

---

① 中共中央文献研究室编：《习近平关于社会主义社会建设论述摘编》，中央文献出版社2017年版，第73页。

百姓日常生活中办事难、办事累等问题。以精准有效的政策，切实回应"上学难、上学贵、上学累"等问题，以釜底抽薪之策，彻底化解社会"择校热""学区房"等普遍焦虑的难题，建设高质量的人民教育体系，提升人民群众的获得感和幸福感。

（五）弘扬共同富裕社会风尚，完善中国特色社会主义互帮共富的体制机制

以社会主义制度优势，建立互帮互助、相亲友爱的制度机制，充分调动全社会广大人民群众共同富裕的积极性和创造性。中国自古就有邻里相亲、互帮互助、建立大同社会理想的优良传统，中国特色社会主义制度更是将这一传统制度化、规范化、科学化，成为一种既具有理论性又付诸实践还有着前瞻性的理想形态。最有代表性的是东部发达省份帮扶西部落后省份，先进城市地区帮扶落后城市地区，南部省份向北部省份传授先进经验和办法，城市反哺乡村，中央单位对口帮扶贫困县，等等。

持续增强和调动全社会先富群体帮扶贫困群体的责任感与积极性。建立适合先富群体帮扶带动后富群体的制度机制，可以通过资金帮扶，也可以通过"授人以渔"的扶智，还可以通过一对一的结对帮助方式，以避免贫富差距拉大、富而不仁、贫者嫉富的情况发生，以形成健康良好的社会氛围，提升甘于奉献的精神品质。

党的十九届五中全会向着更远的目标谋划共同富裕，《中华人民共和国国民经济和社会发展第十四个五年规划和2035年远景目标纲要》作出了具体部署。只要我们坚持党的全面领导，咬定目标不放松，一张蓝图干到底，就一定能够在促进全体人民共同富裕的道路上不断迈出坚实步伐。

天地之大，黎元为本。人民群众始终是中国共产党人的最深厚的基础和最大的底气。经过100年艰苦卓绝的探索，中国共产党领导中国人

民找到了一条"为国家谋富强、为民族谋复兴、为人民谋幸福、为世界谋大同"的发展道路。步入新时代，中国共产党领导中国人民在推进共同富裕、实现民族复兴的伟大历史征程中奋力前行。

促进共同富裕首先要靠共同奋斗[*]

李雪松　孙博文　朱　兰^{**}

共同富裕是社会主义的本质要求，是中国式现代化的重要特征。2021 年中央经济工作会议指出，实现共同富裕目标，首先要通过全国人民共同奋斗把"蛋糕"做大做好，然后通过合理的制度安排把"蛋糕"切好分好。习近平总书记指出："幸福生活都是奋斗出来的，共同富裕要靠勤劳智慧来创造。"共同富裕要靠共同奋斗，这是根本途径。要加快推动改革开放创新，激励劳动者通过辛勤劳动、合法经营、创新创业创造致富。同时也要深刻认识到，共同富裕不是政府大包大揽，应防止掉入"福利主义"陷阱。

一　共同奋斗是共同富裕的根本实现途径

实现共同富裕具有长期性、艰巨性、复杂性。共同富裕是建设社会主义现代化强国的关键目标，实现共同富裕是注定要经历艰难险阻的长

---

　* 原载《光明日报》2022 年 2 月 24 日第 6 版。

　** 李雪松，中国社会科学院数量经济与技术经济研究所所长、研究员；孙博文，中国社会科学院数量经济与技术经济研究所副研究员；朱兰，中国社会科学院数量经济与技术经济研究所助理研究员。

期征途，不可能一蹴而就，我们对实现共同富裕的长期性、艰巨性、复杂性要有充分估计。"千里之行，始于足下"，共同富裕的根本实现途径是共同奋斗，充分发挥人的主观能动性、稳扎稳打、步步为营方能行稳致远。实现共同富裕不可能毕其功于一役，政府、企业、社会各界都要树立打持久战的思想、坚定必胜信念，将总任务、总目标、总要求分解为分项、分阶段的任务和目标，积小胜为大胜。基础好、有条件、有能力的个人和市场主体可以承担更多的责任，通过勤劳致富、合法经营致富，实现先富带后富；基础差、能力弱、禀赋不足的个人和市场主体也应发挥所长、积极作为、做好本职工作，有一分力出一分力，有一分热发一分热。

通过改革开放激励人人参与、人人尽力。共同富裕目标的实现过程，也是充分保障人的发展权利、激发人的发展动力、不断满足人的发展需要、实现人的全面发展的过程，整个过程中人是核心要素，实现这一目标也必然要求坚持以人民为中心的发展思想，充分发挥人民群众的积极性主动性，以人人参与、人人奋斗、人人共建实现人人共享，这也充分体现了生产力与生产关系的辩证统一。共同富裕的物质基础来自高质量发展，人人参与、人人尽力、人人奋斗是不断发展社会生产力、推进高质量发展、做大"蛋糕"的前提条件。为此，必须加快推动改革开放，有效破除制约高质量发展的体制机制障碍，把各方面的积极性、创造性充分调动起来，着力解决收入分配差距较大、资源分配不均衡、区域发展不平衡问题，让奋斗者更有尊严、更有效率地参与社会主义现代化建设，在高质量发展中促进共同富裕。

二　为共同奋斗创造公平正义的社会环境

大力弘扬勤劳创新致富的精神。共同奋斗是共同富裕的根本实现路径，必须大力弘扬勤劳创新致富的精神，不断凝聚共识和力量，形成人人不"躺平"、不"等靠要"的良好社会氛围,创造人人参与、各尽所能、各尽其责的良好社会环境,激发劳动者通过辛勤劳动、合法经营、创新创业创造幸福美好生活的内在动力。加快劳动、资本、土地、知识产权、技术、管理、数据等要素的市场化配置改革,不断探索、创新提升劳动收入份额的有效路径,激发勤劳致富的内在动力。完善知识产权相关的法律法规,提高知识产权保护法治化水平,加强知识产权保护,激发奋斗者的创新动力和创业活力。提升全社会人力资本质量和专业技能水平,扩大中等收入群体规模。

积极营造机会公平的社会环境。加快完善体现权利公平、机会公平、规则公平的法律制度,保障公民人身权、财产权、基本政治权利等各项权利不受侵犯,保障公民经济、文化、社会等各方面权利得到落实,实现公民权利保障法治化,积极营造公平竞争的市场环境和公平正义的社会环境,这是畅通社会流动渠道、打破阶层利益固化、让更多要素和资源在各个阶层之间自由流动的制度保障。发展不充分是要素流通不畅的根源之一,在新发展阶段,坚持以高质量发展为主题,不断发展社会生产力、做大"蛋糕",在发展中创造更多就业机会、提升就业质量,为营造公平的社会环境提供物质保障。教育公平是最大的机会公平,提高对义务教育、职业教育的财政支出力度,不断缩小城乡与区域之间、群体之间的受教育机会差距,提高劳动者人力资本水平、就业创业创造能力,让每一个人都有自我价值实现的机会。持续深化"放管服"改革,积极营造市场化、法治化、国际化营商环境,激发大众创业、万众创新的动力活力。加快破除城乡与区域、行业部门之间阻碍劳动力流动的制度障碍,营造公平竞争的发展环境,使得劳动力能够在区域、行业部门之间自由流动。持续巩固拓展脱贫攻坚成果,党中央对摆脱贫困的县从脱贫之日起设立五年过渡期,过渡期内保持主要帮扶政策总体稳定,为此,必须在过渡期内稳定对农村低收入人群的帮扶政策,增加农民收入。

推进基本公共服务均等化。扩大中等收入群体规模是实现共同富裕的重要任务，尤其要让更多的进城农民工、城市新市民进入中等收入群体当中。但是目前大多数农民工难以享受到市民化待遇，城市医疗、生活、子女教育等支出压力较大，削弱了农民工的工作热情和奋斗动力，也容易导致进城农民工重新跌入低收入群体，不利于共同富裕目标的实现。为此，应加大力度推进基本公共服务的均等化。财政转移支付更多用于促进以人为核心的城镇化，更加注重作用于保就业保民生。坚持尽力而为、量力而行，不断完善公共服务政策制度体系，在教育、医疗、养老、住房等人民群众最关心的领域精准提供基本公共服务，消除农民进城务工、奋斗打拼的后顾之忧。建立可持续的财政资金保障机制，推动实现财政支出向公共服务领域、向城市非户籍人口的"双倾斜"，既要在增量上节省资金，将财政支出更多向公共服务领域倾斜，也要在存量上优化财政支出结构、提高财政支出绩效，将城市非户籍人口纳入基本公共服务保障覆盖范围，促进公共服务财政支出向非户籍人口倾斜，不断推进基本公共服务均等化。

三　谨防陷入"福利陷阱"

促进共享权利和奋斗义务匹配。共同富裕要求以人人奋斗实现人人共享，共享是权利，奋斗则是义务，每个人既有享受经济社会发展成果、分享"蛋糕"的权利，也有把"蛋糕"做大的义务。实现共享权利和奋斗义务的匹配，也是保障社会公平正义的需要。分配领域要反对平均主义，通过科学合理的分配制度设计，构建初次分配、再分配、三次分配协调配套的基础性制度安排，不断创造良好奋斗环境、激发奋斗者内生动力、保障社会公平正义。由于个人禀赋条件的不同，要允许合理分配差距的存在，一定意义上，合理的分配差距也是激发人力资本提升和促进创新创业的动力。

　　防止掉入"福利陷阱"。共同富裕不是政府大包大揽，要防止出现"养懒汉""等靠要"等现象，避免掉入"福利主义"陷阱。实现共同富裕要发挥市场、政府以及社会各方面的协同作用。注重发挥市场在资源配置中的决定性作用，着力完善产权制度、深化要素市场化改革，着力扩大高水平开放，把自贸试验区的成功实践抓紧复制推广到全国，增强市场主体的发展信心。对于一些个人或社会组织能提供的保障功能，政府要避免越俎代庖、大包大揽，防止脱离基本国情、超出财政能力、以揠苗助长的方式提高社会保障水平，避免陷入"福利陷阱"。始终坚持在经济发展和财力状况具备的条件下，逐步提高人民生活水平，一方面要把那些有能力和条件承担的、关系群众切身利益的事情扎扎实实地办好；另一方面要循序渐进、脚踏实地、久久为功，不吊高胃口、不办"过头事"。

共同富裕视域下精神生活富裕的时代内涵及实现路径[*]

赵剑英[**]

党的十八大以来，以习近平同志为核心的党中央把握发展阶段新变化，把逐步实现全体人民共同富裕摆在更加重要的位置上，并且在共同富裕视域下强调了精神生活富裕的重要性。习近平总书记指出："实现中华民族伟大复兴的中国梦，物质财富要极大丰富，精神财富也要极大丰富。"[①] 2021 年 8 月 17 日习近平总书记在中央财经委员会第十次会议上强调："我们说的共同富裕是全体人民共同富裕，是人民群众物质生活和精神生活都富裕。"[②]

深入理解共同富裕视域下精神生活富裕的时代内涵，扎实推进精神生活共同富裕对于推动新时代中国特色社会主义发展具有十分重要的意义。

---

[*] 本文系作者 2022 年 6 月 29 日在浙江省"推进精神富有理论研讨会"上的主旨发言修订稿。

[**] 赵剑英，中国社会科学出版社社长，研究员。

① 《习近平谈治国理政》第二卷，外文出版社 2017 年版，第 323 页。

② 习近平：《扎实推动共同富裕》，《求是》2021 年第 20 期。

一 共同富裕视域下精神生活富裕的时代内涵

在共同富裕中实现精神生活富裕有其特定的时空背景，即中国特色社会主义进入新时代。习近平总书记在党的十九大报告中指出，中国特色社会主义的新时代是不断创造美好生活，逐步实现全体人民共同富裕的时代。[①] 关于人的精神生活、精神生产，马克思、恩格斯更多是从扬弃资本逻辑所产生的人的全面异化，实现人的自由而全面发展角度进行阐述的。我们党历代领导人则更多从物质文明与精神文明协调发展的角度强调精神文明建设的重要性。习近平总书记除了从理论上阐述精神生活、精神生产的重要性之外，更重视在实践层面，在"扎实推进""取得实质性进展"的语境中思考精神生活富裕问题，把精神富裕建设作为新时代中国特色社会主义这一发展阶段的主题之一。我们可以从人的全面发展、民族与国家的发展和人类文明的发展三个视角来具体阐释共同富裕视域下精神生活富裕的具体内涵，即精神生活富裕是促进人的全面发展，满足人民群众对美好生活向往的内在要求；是实现中华民族伟大复兴的内在要求；是全面建设社会主义现代化国家，开创中国式现代化道路和建构人类文明新形态的内在要求。

1. 共同富裕视域下精神生活富裕是人的全面发展、满足人民群众美好生活需要的内在要求

人的自由而全面发展是马克思、恩格斯构想的人类未来理想社会——共产主义社会最根本的特征。马克思在《资本论》中把共产主义描述为"一个更高级的、以每一个个人的全面而自由的发展为基本原则的社会形式"[②]。2018 年 4 月 23 日，习近平总书记在十九届中央政

---

① 参见《习近平谈治国理政》第三卷，外文出版社 2020 年版，第 9 页。
② 《马克思恩格斯全集》第 44 卷，人民出版社 2001 年版，第 683 页。

治局第五次集体学习时强调："《共产党宣言》确立了马克思主义政党的最高目标是实现共产主义，并把实现人的自由而全面的发展作为共产主义的本质特征。这一崇高理想站在了人类道义制高点，成为一代又一代共产党人忠贞不渝、坚强不屈的坚定信仰和不惧任何风险、战胜一切困难的精神支柱，成为马克思主义政党团结广大人民砸碎旧世界、创造新世界的精神旗帜。"① 他在哲学社会科学工作座谈会上又说："马克思主义坚持实现人民解放、维护人民利益的立场，以实现人的自由而全面的发展和全人类解放为己任，反映了人类对理想社会的美好憧憬。"② 他还强调："促进共同富裕与促进人的全面发展是高度统一的。"③ 满足人民群众美好生活需要就是从人的全面发展角度提出的，是人的全面发展在中国特色社会主义新时代这一发展阶段的具象表达。

党的十九大报告明确提出，中国社会主要矛盾已经转化为人民日益增长的美好生活需要和不平衡不充分的发展之间的矛盾。这是我们党对新时代我国社会主要矛盾发生转化的深刻把握和科学认识。习近平总书记指出："我国稳定解决了十几亿人的温饱问题，总体上实现小康，不久将全面建成小康社会，人民美好生活需要日益广泛，不仅对物质文化生活提出了更高要求，而且在民主、法治、公平、正义、安全、环境等方面的要求日益增长。"④ 习近平同志任浙江省委书记时曾指出："人，本质上就是文化的人，而不是'物化'的人；是能动的、全面的人，而不是僵化的、'单向度'的人。人类不仅追求物质条件、经济指标，还要追求'幸福指数'；不仅追求自然生态的和谐，还要追求'精神生态'的和谐；不仅追求效率和公平，还要追求人际关系的和谐与精神

---

① 习近平：《学习马克思主义基本理论是共产党人的必修课》，《求是》2019 年第 11 期。

② 习近平：《在哲学社会科学工作座谈会上的讲话》，人民出版社 2016 年版，第 8—9 页。

③ 习近平：《扎实推动共同富裕》，《求是》2021 年第 20 期。

④ 《习近平谈治国理政》第三卷，外文出版社 2020 年版，第 9 页。

生活的充实，追求生命的意义。"① 这些论断表明，人民对美好生活的需求不仅表现在在物质生活方面，而且表现在精神文化生活、民主法治、公平正义、生态环境等方面。发展不平衡不充分的问题除了区域发展不平衡、城乡发展不平衡之外，还表现为物质生活与精神生活以及物质文明与精神文明、社会文明发展的不平衡，精神文化发展不充分。只有着力解决好这些发展不平衡不充分问题，才能更好满足人民在经济、政治、文化、社会、生态等方面日益增长的需要，更好地推动人的全面发展、社会全面进步。因此，不断满足人民的精神生活需要，实现人民群众的精神生活富裕成为新时代满足人民美好生活需要的内在要求，只有从共同富裕视域下精神生活富裕的视角理解满足人民美好生活向往，才能准确把握其促进人的全面发展的深刻意蕴。

当前，我国已经全面建成小康社会，人民群众的物质生活水平大大提高，当人们的基本生存需要得到满足后，物质生活的提高对幸福感的边际效益会逐渐减小。随着需求层次的不断提高，人民对美好生活的向往就更加侧重精神方面的需求，如信仰、情感、尊重、自我实现、娱乐等。实践反复验证这样一个道理：物质丰富是精神生活富裕的基础，但是物质生活富裕并不一定催生精神生活富裕，反而也有可能导致精神贫乏。马克思提出的"异化劳动""商品拜物教"概念，卢卡奇提出的"物化"概念，马尔库塞提出的"单向度的人"概念以及鲍德里亚提出的"消费社会"概念等从不同角度体现了这一逻辑。孔子说："德不配位，必有灾殃。"（《周易·系辞下》）其实，人只有精神生活富裕，才能更好地驾驭物质生活富裕，否则就可能成为物质的奴隶。马克思认为，人的本质是从事自由自觉的劳动，而不是片面追求物质利益的物质"需求者"，从精神生活富裕的角度满足人民群众美好生活向往就是对物质主义、金钱逻辑至上倾向的纠偏。

---

① 习近平：《之江新语》，浙江人民出版社 2007 年版，第 150 页。

2. 共同富裕视域下精神生活富裕是中华民族伟大复兴的重要表征

中国特色社会主义新时代是实现中华民族伟大复兴的时代，而民族的复兴、国家的富强最根本地体现为精神生活富裕、文化自信。习近平总书记指出："实现中国梦，是物质文明和精神文明均衡发展、相互促进的结果。没有文明的继承和发展，没有文化的弘扬和繁荣，就没有中国梦的实现。"① 他还指出："没有中华文化繁荣兴盛，就没有中华民族伟大复兴。一个民族的复兴需要强大的物质力量，也需要强大的精神力量。没有先进文化的积极引领，没有人民精神世界的极大丰富，没有民族精神力量的不断增强，一个国家、一个民族不可能屹立于世界民族之林。"②

从精神文化层面来说，中华民族的复兴史就是一部中华民族重新找回自信、自尊，重生强大精神力量，构建强大文化软实力，充分彰显中华民族精气神的历史，即一部精神文化复兴史。中国近代史是一部屈辱史，中国人民对民族生存危机原因的追问，经历了"器"不如人到制度落后，最后归结到精神文化不如人的基本逻辑。中国的落后最终归因于中国人的麻木、愚昧，缺乏斗争和反抗精神，归因于民族文化自信的消解，整个民族因缺乏凝聚力而成为一盘散沙。马克思主义传入中国并在不断中国化的过程中与中华民族优秀传统文化相结合，在革命、建设和改革开放的实践中实现马克思主义中国化的第一次历史性飞跃，产生了毛泽东思想，以及两次新的飞跃，产生了中国特色社会主义理论体系和习近平新时代中国特色社会主义思想，并在继承中华优秀传统文化的基础上形成了革命文化和社会主义先进文化，成为中国人民生存和发展的文化主线，唤醒了沉睡的中国人民，彻底激发了中国人民的精神力量，改变了中国人民的精神面貌，将亿万同胞的精神力量紧紧地聚集在

---

① 中共中央文献研究室：《习近平关于社会主义文化建设论述摘编》，中央文献出版社2017年版，第4—5页。
② 习近平：《在文艺工作座谈会上的讲话》，人民出版社2015年版，第5页。

一起，掌握了历史主动，爆发出越来越强烈的中国声音。中华优秀传统文化蕴含着丰富的治理智慧和人生智慧，以中国共产党人的精神谱系为内核的革命文化是中国人民战胜一切艰难险阻的精神财富，社会主义先进文化彰显了中国改革创新的时代精神，这些精神支撑中华民族在革命、建设和改革开放中不断取得胜利，实现了从站起来、富起来到强起来的巨大飞跃，迎来了中华民族伟大复兴的光明前景。在即将实现中华民族伟大复兴的关键阶段——中国特色社会主义新时代，在共同富裕中实现精神生活富裕既是民族复兴的内在要求，又是强大的精神支撑。

3. 共同富裕视域下精神生活富裕是人类文明新形态的重要标志

习近平总书记在庆祝中国共产党成立 100 周年大会上指出："我们坚持和发展中国特色社会主义，推动物质文明、政治文明、精神文明、社会文明、生态文明协调发展，创造了中国式现代化新道路，创造了人类文明新形态。"① 中国式现代化有五个特征：第一，我国的现代化是人口规模巨大的现代化。第二，我国的现代化是全体人民共同富裕的现代化。第三，我国的现代化是物质文明和精神文明相协调的现代化。第四，我国的现代化是人与自然和谐共生的现代化。第五，我国的现代化是走和平发展道路的现代化。② 从第二、第三个特征的表述可以自然地推知：在共同富裕中实现精神生活富裕，是中国式现代化开创的人类文明新形态的重要标志。

习近平总书记强调，现代化的本质是人的现代化。中国式现代化开创的人类新文明形态是以人民的发展为中心的，是以解放人、实现人的自由全面发展为宗旨的，而共同富裕视域下的精神生活富裕是人的发展的重要方面，它表征着与资本主义文明形态不同的价值观念和道路选

---

① 习近平：《在庆祝中国共产党成立 100 周年大会上的讲话》，人民出版社 2021 年版，第 13—14 页。

② 参见习近平《论把握新发展阶段、贯彻新发展理念、构建新发展格局》，中央文献出版社 2021 年版，第 9—10 页。

择，它意味着对社会主义精神文化产品的真正占有，它要扬弃资本主义现代化下人在物化关系中的种种异化、不平等、不公正等精神匮乏与失衡的状态。人类历史上实现现代化的国家除了苏联（最后苏联维持 70 年也解体了），几乎走的都是西方资本主义现代化的道路，西方资本主义现代化道路代表的是资本主义文明形态，而中国式现代化道路代表的是社会主义文明形态，更准确地表达应该是中国特色社会主义文明形态。以马克思主义为指导，以中华优秀传统文化、革命文化和社会主义先进文化为内核的意识形态、思想观点、价值观念、知识体系是对西方资本主义精神文化的超越，如新发展理念、全过程人民民主、人与自然和谐共生即人与自然生命共同体、人类命运共同体等先进观念引领物质文明、政治文明、精神文明、社会文明和生态文明协调发展，扬弃以资产阶级意识形态为标识的资本主义文明形态，构建人类文明新形态，为世界其他发展中国家提供新的选择。

综上可知，共同富裕视域下的精神生活富裕是中国特色社会主义在新时代、新的发展阶段人的精神生活状态—精神生活共同富裕状态的一种描述，它是指向人的自由全面发展的。共同富裕下的精神生活富裕不是少数人的精神生活富裕，而是全体人民的精神生活富裕；不是整齐划一的平均主义式的精神生活富裕，而是保护个人主动能动性的、包容式的精神生活富裕。

共同富裕下的精神生活富裕是一个不断生成的过程。2016 年 1 月 18 日，习近平总书记在省部级主要领导干部学习贯彻党的十八届五中全会精神专题研讨班上的讲话中指出："我国正处于并将长期处于社会主义初级阶段，我们不能做超越阶段的事情，但也不是说在逐步实现共同富裕方面就无所作为，而是要根据现有条件把能做的事情尽量做起来，积小胜为大胜，不断朝着全体人民共同富裕的目标前进。"[①] 根据

---

① 《习近平谈治国理政》第二卷，外文出版社 2017 年版，第 214—215 页。

党中央的部署，共同富裕视域下的精神生活富裕要在"十四五"末迈出坚实步伐；到 2035 年取得更为明显的实质性进展；到本世纪中叶基本实现。

从内涵上分析，精神生活富裕主要包括：自觉坚定的理想信仰；科学和谐的价值观念；丰厚的科学与人文素质；健康向上、积极进取的精神状态（情感、意志）；良好的道德品行和社会风尚；丰富的文化娱乐生活；以及实现精神生活富裕所需要的完善的公共文化服务体系、美丽的生态环境、公平正义平等的社会秩序、稳定而安全的社会环境等重要条件。下面，从这些方面具体分析如何在共同富裕中实现精神生活富裕。

二　共同富裕视域下精神生活富裕的实现路径

1. 以坚定的理想信念构筑精神生活富裕的精神支柱

理想信念是共同富裕视域下精神生活富裕的精神支柱，失去这一支柱，精神生活富裕将无从谈起。习近平总书记指出："对马克思主义的信仰，对社会主义和共产主义的信念，是共产党人的政治灵魂，是共产党人经受住任何考验的精神支柱。"[①] "马克思主义是我们立党立国的根本指导思想。背离或者放弃马克思主义，我们党就会失去灵魂、迷失方向。"[②] "革命理想高于天。共产主义远大理想和中国特色社会主义共同理想，是中国共产党人的精神支柱和政治灵魂，也是保持党的团结统一的思想基础。"[③] 在推动实现精神生活共同富裕的道路上，要坚持马克思主义在意识形态领域的指导地位，坚持共产主义远大理想与中国特色

---

① 《习近平谈治国理政》第一卷，外文出版社 2018 年版，第 15 页。
② 习近平：《在庆祝中国共产党成立 95 周年大会上的讲话》，《人民日报》2016 年 7 月 2 日。
③ 《习近平谈治国理政》第三卷，外文出版社 2020 年版，第 49 页。

社会主义共同理想，用社会主义先进文化丰富人民精神生活，不断巩固全党全国各族人民团结奋斗的共同思想基础，否则就会陷入迷失方向甚至失去灵魂的困境。要学习研究阐释马克思主义经典理论和党的创新理论，特别是习近平新时代中国特色社会主义思想，推动这一思想入脑、入心、入行，实现由被动学习到主动接受、由自发到自觉的转变，切实做到用先进思想武装人民群众的头脑。传承红色基因，用中国共产党人的精神谱系激励广大人民群众投身中华民族伟大复兴的光辉事业。

2. 以社会主义核心价值观为引领，引导人们树立正确的历史观、民族观、国家观、文化观

精神生活富裕并不完全是一个自发形成的过程，需要自觉的引导与建构。社会主义核心价值观是全体中国人民价值观的最大公约数，深入回答了建设什么样的国家、建设什么样的社会、培育什么样的公民的重大问题，是当代中国精神的集中体现，凝结着全体人民共同的价值追求，因此是共同富裕视域下精神生活富裕的核心内容。要以社会主义核心价值观引领人民的精神追求，引导人们树立正确的历史观、民族观、国家观、文化观，以社会主义核心价值观涵养人民对于党、国家、民族的情感认同和心理认同，提升人的精神品格和精神境界，用社会主义核心价值观凝聚各族人民的价值共识和社会共识，积聚社会力量。正如习近平总书记指出，要使社会主义核心价值观的影响像空气一样无所不在、无时不有，要把社会主义核心价值观融入精神生活富裕建设的全过程，如国民教育、精神文明创建、精神文化生产、道德文明建设等。

3. 以中华优秀传统文化涵养当代中国人的精神家园

党的十八大以来，以习近平同志为核心的党中央，站在历史与时代相结合的高度，十分重视中华优秀传统文化的历史传承和创新发展。早在 2013 年 12 月，习近平总书记在十八届中央政治局第十二次集体学习时的讲话中指出："让收藏在禁宫里的文物、陈列在广阔大地上的遗

产、书写在古籍里的文字都活起来。"① 2020 年 9 月 28 日，习近平总书记在十九届中央政治局第二十三次集体学习时的讲话中强调："在历史长河中，中华民族形成了伟大民族精神和优秀传统文化，这是中华民族生生不息、长盛不衰的文化基因，也是实现中华民族伟大复兴的精神力量，要结合新的实际发扬光大。"②

2022 年 5 月 27 日，习近平总书记在主持十九届中共中央政治局第三十九次集体学习所发表的重要讲话中指出："中华优秀传统文化是中华文明的智慧结晶和精华所在，是中华民族的根和魂，是我们在世界文化激荡中站稳脚跟的根基。"③

在五千多年漫长文明发展史中，中国人民创造了璀璨夺目的中华文明，为人类文明进步事业做出了重大贡献。要研究阐释中华文明讲仁爱、重民本、守诚信、崇正义、尚和合、求大同的精神特质和发展形态，阐明中国道路的深厚文化底蕴。对中华传统文化，要坚持古为今用、推陈出新，继承和弘扬其中的优秀成分。

要坚持守正创新，推动中华优秀传统文化同社会主义社会相适应，展示中华民族的独特精神标识，更好构筑中国精神、中国价值、中国力量。

习近平总书记强调，文物和文化遗产承载着中华民族的基因和血脉，是不可再生、不可替代的中华优秀文明资源。要让更多文物和文化遗产活起来，营造传承中华文明的浓厚社会氛围。要积极推进文物保护利用和文化遗产保护传承，挖掘文物和文化遗产的多重价值，传播更多承载中华文化、中国精神的价值符号和文化产品。

---

① 《习近平谈治国理政》第一卷，外文出版社 2018 年版，第 161 页。

② 习近平：《建设中国特色中国风格中国气派的考古学　更好认识源远流长博大精深的中华文明》，《求是》2020 年第 23 期。

③ 《习近平在中共中央政治局第三十九次集体学习时强调把中国文明历史研究引向深入推动增强历史自觉坚定文化自信》，《人民日报》2022 年 5 月 29 日。

2021 年 3 月 22 日下午，习近平总书记在福建武夷山市考察，来到朱熹园，了解朱熹生平及理学研究等情况，并指出："我们走中国特色社会主义道路，一定要推进马克思主义中国化。如果没有中华五千年文明，哪里有什么中国特色？如果不是中国特色，哪有我们今天这么成功的中国特色社会主义道路？我们要特别重视挖掘中华五千年文明中的精华，弘扬优秀传统文化，把其中的精华同马克思主义立场观点方法结合起来，坚定不移走中国特色社会主义道路。"①

这里习近平总书记所讲的"活起来"就是讲好中华优秀传统文化故事，根据当今时代和中国实际，充分挖掘、阐释、展示、普及文物知识、文化遗产、古籍等优秀传统文化，让大众去学习和认识；就是讲好考古、历史文化的故事。文化传承要多些"烟火气"，打破那些"良药苦口"的老生常谈模式，让传统文化活起来，将传统文化的思想核心和丰富内涵如勤劳、勇毅、智慧、仁义、诚信、团结、忠孝等，通过生动的故事"飞入寻常百姓家"，润物无声地融入日常生活的酸甜苦辣咸中，涵养人民群众的精神世界。

4. 以创建中国自主知识体系为立足点，提升人民群众的文化自信和思想文化素质

在共同富裕中实现精神生活富裕，必须提升人民群众的文化素质。要提升人民群众的文化素质，首先要加快建构中国特色哲学社会科学，创建中国自主知识体系。2022 年 4 月 25 日，习近平总书记在中国人民大学考察时指出："加快构建中国特色哲学社会科学，归根结底是建构中国自主的知识体系。要以中国为观照、以时代为观照，立足中国实际，解决中国问题，不断推动中华优秀传统文化创造性转化、创新性发展，不断推进知识创新、理论创新、方法创新，使中国特色哲学社会科

---

① 《"这里的山山水水、一草一木，我深有感情"——记"十四五"开局之际习近平总书记赴福建考察调研》，《人民日报》2021 年 3 月 27 日。

学真正屹立于世界学术之林。"① 文化沙漠、历史虚无主义文化或殖民文化，是不能为人民群众精神生活富裕提供优秀精神食粮的。要在坚定文化自信的基础上，把继承优秀传统文化基因、反映中国发展实践经验以及借鉴国外优秀成果三者结合起来，努力做到历史与当下、理论与实践、共性与个性的结合，着力提炼自主性、原创性、标识性的新概念、新范畴、新表述，建构体现中国特色、中国风格、中国气派的知识体系和话语体系，形成真正自主的中国思想、中国理论、中国学术。

要推动中国自主知识体系和话语体系的大众化和普及化，优秀思想理论、自然科学技术知识与方法的大众化、普及化是文化建设和推动精神生活共同富裕的一项十分重要的内容。在此方面，广大哲学社会科学工作者和科技工作者肩负着重要使命。要将中国自主知识体系和话语体系融入国民教育体系中，提高广大人民群众的文化素养，以中国自主知识体系和话语体系夯实文化自信、精神生活富裕的基石。要以中国自主知识体系和话语体系为依据修订完善教材。要推出更多彰显中国自主知识体系和话语体系的大众读物、科普读物，把中国自主知识体系和话语体系融入为人民群众的日常话语，为人民群众精神生活共同富裕提供科学基础和支撑。

5. 推动文化事业和文化产业高质量发展，为人民群众提供更多形态多样的优秀文化艺术产品

深化文化体制改革、创新文化管理体制，完善把社会效益放在首位、社会效益和经济效益相统一的体制机制，推动文化事业、文化产业高质量发展。要以中国自主知识体系和话语体系为基础，坚持以人民为中心的创作导向，在深入生活、扎根人民中创造通俗易懂、喜闻乐见的精神文化产品，让人民群众在享受丰富精神产品后获得精神的满足和提

---

① 《习近平在中国人民大学考察时强调 坚持党的领导传承红色基因扎根中国大地 走出一条建设中国特色世界一流大学新路》，《人民日报》2022 年 4 月 26 日。

升。提高文化产品的精神高度、文化内涵、艺术价值，用生动的故事、栩栩如生的作品形象引导人民树立正确的世界观人生观价值观，用生动的语言和感人的艺术形象描绘祖国的秀美山河、中华民族的卓越风华、中国人民的勤劳智慧，反映中国特色社会主义事业的蓬勃发展，展现各族人民团结一心、朝气蓬勃、积极向上的精神风貌。尊重和遵循文艺规律，尊重文艺工作者的创作个性和创造性劳动，让他们成为先进文化的践行者、社会风尚的引领者，引导他们在为祖国、为人民立德立言中成就自我、实现价值。要适应人民群众对产品形态的需要的变化，创新文化产品的载体和表达形式。

6. 完善公共文化服务体系，为人民群众多样化、多层次、多方面的精神文化需求提供物质支撑，营造良好的社会环境

以满足人民群众文化需求为出发点和落脚点，以实现人民群众精神生活共同富裕为要求推进公共文化基础设施建设。建设更多文化广场、电影城、书城、博物馆、图书馆、体育馆等文化基础设施，形成多级公共文化设施网络。同时，深入实施文化惠民工程，积极组织开展各类文化活动，保护传承文化遗产、民间传统艺术等。

人民群众的精神生活富裕是多方面的，除了对精神产品的需要外，还包括对公平正义的要求，对安全的要求，对生态环境的要求，要推动司法公正公平建设，加强社会治安管理，营造公平正义的社会风气，让人民群众在增强幸福感、获得感的同时，还要有安全感。只有在平安的环境中，人才能实现精神生活富裕。要努力建设天蓝、地绿、水清的生态环境，让人民群众在优美的生态环境中精神愉悦，提升审美情趣。

7. 持续深化社会主义思想道德建设，提高人的道德素质

公民良好的道德修养和高尚的社会道德素养是精神生活富裕的重要象征。着力加强思想道德规范建设，深入实施公民道德建设工程，推进社会公德、职业道德、家庭美德、个人品德建设，激励人们向上向善、孝老爱亲，忠于祖国和人民。积极开展群众性文明创建活动，让人民群

众在活动中移风易俗、弘扬时代新风，以社会主义先进文化弘扬真善美、抵制假恶丑，形成和谐友爱的良好社会风尚。

8. 发展健康向上的网络文化

随着数字化和虚拟化技术的发展，互联网作为文化传播和日常交流的空间，在人们的精神生活中占据越来越重要的地位，网络文化的发展对共同富裕视域下精神生活富裕建设发挥越来越重要的作用。一方面要净化网络空间，发展健康向上的网络文化，传播正能量，宣扬正气；另一方面要利用互联网技术特别是移动互联网技术创新文化产品形态，如有声书、音视频等，传播更多能为广大读者喜爱的优秀传统文化、中华文明以及革命文化和社会主义文化的故事，传播中国共产党、中国人民不畏艰险、艰苦创业、敢于胜利的故事，传播新时代以来发生的伟大历史性变革和取得的历史性成就的故事，传播好中国精神、中国价值、中国力量的故事。

9. 发挥人民群众的主动创造精神，从单纯的接受者与享受者转变为参与者和创造者，让人民群众在精神文化产品创造中实现精神生活富裕

马克思有一句名言：人既是历史的剧中人，又是剧作者。精神生活富裕不仅是指主体享受精神产品后的满足和享受的精神状态，也包含主体创造精神财富的能力、意愿以及创造性活动中自我实现的精神满足。因此，要搭建各种平台，鼓励人民群众自发组织开展文化活动，创造接地气的精神文化产品。

凝聚自信自强的磅礴精神力量

冯颜利*

习近平总书记在 2022 年"两会"期间的 3 月 6 日强调指出，我国发展仍具有诸多战略性的有利条件：一是有中国共产党的坚强领导；二是有中国特色社会主义制度的显著优势；三是有持续快速发展积累的坚实基础；四是有长期稳定的社会环境；五是有自信自强的精神力量。深入系统学习、认真贯穿落实习近平新时代中国特色社会主义思想，才能准确理解、全面把握自信自强的精神力量；准确理解自信自强的精神力量，才能凝聚自信自强的磅礴精神力量，也才能豪情满怀，迎难而上，砥砺前行，以真抓实干的实际行动迎接党的二十大胜利召开。

人无精神不立，国无精神不强。中华民族百年苦难辉煌的伟大成就，是全国各族人民在中国共产党的坚强领导下，自信自强、艰苦奋斗取得的。今天，面对国际形势继续发生的深刻复杂变化，世界百年变局和世纪疫情又相互交织，经济全球化不断遭遇逆流，大国博弈也日趋激烈，世界进入了新的动荡变革期，国内改革发展稳定任务更是艰巨繁重，中国共产党人此时此刻之所以仍具有自信自强的巨大精神力量，一

* 冯颜利，中国社会科学院哲学研究所副所长，研究员。

是因为我们彻底消除了困扰中华民族几千年的绝对贫困问题，如期全面建成小康社会，全国各族人民为建设富强民主文明和谐美丽的社会主义现代化强国的积极性、主动性、创造性进一步激发，人们的美好生活需求，不断梦想成真；二是万众创新、创业，中华民族伟大复兴展现出前所未有的光明前景，广大人民群众为实现中华民族伟大复兴的志气、骨气、底气空前增强；三是党心军心民心昂扬振奋，社会和谐稳定，党政军民学形成合力。正如习近平总书记所言："当今世界，要说哪个政党、哪个国家、哪个民族能够自信的话，那中国共产党、中华人民共和国、中华民族是最有理由自信的。"

人民有信仰，民族有希望，国家有力量。开启全面建设社会主义现代化强国新征程，成功举办北京冬奥会、冬残奥会，中华民族伟大复兴的精神之光竞相闪耀。在新时代、新发展阶段的新起点上，中国共产党人、广大人民群众更加坚定自信自强。中国制造、中国建造的荣光和靓丽色彩写在广大人民群众的脸上，全面乡村振兴的隆隆战鼓昭示明天更加精彩。十四亿人民的理想信仰之光、科技创新之魂、富民强国之梦，这是自信自强的巨大精神力量。这自信自强的精神之力，是顺应时代潮流的自觉，是历经沧桑得出的根本共识，是当今中国立足新发展阶段、落实新发展理念、构建新发展格局"五大有利条件"中最强大的力量。因为，前四个有利条件都是外在实体性的客观条件，只有第五个有利条件才是内在主体性的精神条件，外在实体性的客观条件当然重要、是基础性条件，不可或缺，但是，历史上往往是"两军相逢勇者胜"，因为"天时不如地利，地利不如人和"。

中国共产党百年伟大成就是在自信自强中取得的，今天我们在第二个百年征程中仍然具有自信自强的强大精神力量，这是众所周知、有目共睹的，但是，过去的自信自强，不等于今天的自信自强，今天的自信自强更不等于明天的自信自强。发展起来了有发展起来的新问题，甚至发展起来的问题比不发展起来更多，面对新问题新挑战，我们如何在正视困难的基础上一直自信自强，如何凝聚自信自强的磅礴精神力量？

自信自强，是中国共产党人克服艰难险阻、创造历史伟业的重要基因，也是我们奋进新征程、创造新的更大胜利的强大精神力量。凝聚自信自强的磅礴精神力量，首先要坚定自信，其次要坚决自强，还要自觉将自信与自强统一起来。

第一，坚定自信就要坚定道路自信、理论自信、制度自信、文化自信、历史自信，咬定青山不放松，风雨无阻向前进。中国共产党人的自信，源于始终坚定对马克思主义的信仰，对社会主义和共产主义的信念，源于坚定对中国特色社会主义共同理想和共产主义远大理想的统一。信仰坚定，即使身处逆境，也不消沉动摇。理想崇高，任何时候都会不骄不躁，奋发图强。坚定的理想信念，是中国共产党人的精神支撑，是广大人民群众自信的根本。习近平总书记指出，要坚定历史自信，自觉坚守理想信念。党的十九届六中全会充分显示了中国共产党高度的历史自信，其《决议》向党内外、国内外充分展示了百年大党的清醒和成熟。

第二，坚决自强就要独立自主走自己的路，这是我们自强的鲜亮底色和鲜明体现。自强就要有"有志者事竟成，破釜沉舟，百二秦关终属楚"的凌云壮志，就要有"苦心人天不负，卧薪尝胆，三千越甲可吞吴"的雄魂气魄。"生活就像海洋，只有意志坚强的人才能到达彼岸。"中国共产党人把马克思主义同中国实际相结合、同中华优秀传统文化相结合，成功开辟了中国特色社会主义道路。中国道路，既是自强之路，又是改革开放基础上的独立自主之路。党的十八大以来，以习近平同志为核心的党中央坚持和完善中国特色社会主义制度，不断推进国家治理体系和治理能力现代化，充分彰显了中国共产党坚强领导的最大优势和中国特色社会主义制度的显著优势。坚定地走中国特色社会主义道路，我们更加自强与豪迈，也更有信心与底气。

第三，自觉将自信与自强统一起来，在自信的基础上自强，在自强的过程中进一步自信。自信是认识问题、是"知"和理解的问题。自信是一种底气与格局，与勇敢、协作相向共行。"自信人生二百年，会当水击三千里。"自强是实践问题、是"行"与实现的问题。"天行健，君子以自强不息。""志不强者智不达。"坚定自信必然要自强，坚决自强必然自信。不自信不可能自强，不自强也不可能坚定自信。自信自强就要理论联系实际，做到知行合一，在正确理论的指导下实践，在实践基础上不断创新发展理论。拥有真理才能坚定自信自强，中国共产党人的自信自强来自马克思主义的真理力量，因为"理论一经掌握群众，也会变成物质力量"。

道阻且长，行则将至；征途漫漫，唯有奋斗。让我们不断凝聚自信自强的磅礴精神力量，坚定更强大的前行信念，为如期建成社会主义现代化强国、顺利实现中华民族伟大复兴，既正视困难又坚定信心，更加奋发有为，为人类文明做出新的更大贡献。

以"五位一体"总体布局推动浙江
高质量发展建设共同富裕示范区[*]

夏杰长　徐紫嫣[**]

高质量发展,是共同富裕的基本条件。共同富裕是全体人民的全面共富,不仅仅是指"财富的富有",而是全体人民的物质生活和精神生活都要充实富裕,是人的全面发展和社会全面进步,包括物质文明、政治文明、精神文明、社会文明、生态文明的有机统一和全面提升。2021年6月,《中共中央国务院关于支持浙江高质量发展建设共同富裕示范区的意见》正式颁布,赋予了浙江重要改革示范任务,为促进全体人民共同富裕先行先试。要实现高质量发展和建设浙江共同富裕示范区,不能只顾及某一方面,而是要树立全面系统的思维方式,以"五位一体"的总体布局统筹推进。

一　经济建设:夯实共同富裕的物质基础

高质量发展经济和提高社会生产力是实现共同富裕的物质基础或前

＊　原载《经济参考报》2022 年 7 月 12 日第 A7 版。

＊＊　夏杰长,中国社会科学院财经战略研究院副院长、研究员;徐紫嫣,中国社会科学院大学商学院博士生。

提条件。发展是第一要务。这就需要我们始终以经济建设为中心，大力发展生产力，始终把经济高质量发展摆在首要位置，为共同富裕奠定坚实的物质基础。

第一，完善社会主义基本经济制度。根据党的十九届四中全会通过的《中共中央关于坚持和完善中国特色社会主义制度、推进国家治理体系和治理能力现代化若干重大问题的决定》，"公有制为主体、多种所有制经济共同发展，按劳分配为主体、多种分配方式并存，社会主义市场经济体制"是社会主义基本经济制度。基本经济制度是我国经济制度体系中具有长期性、持续性和不可替代的部分，对经济制度属性和经济发展模式具有举旗定向的作用。改革开放以来，浙江经济社会发展取得了非凡成绩，影响力日益提升，主要得益于长期坚持和完善社会主义基本经济制度。面向未来，浙江要始终坚持和不断完善社会主义基本经济制度，为新时代经济高质量发展和实现共同富裕提供坚实保障。

第二，以人民为中心推动高质量发展。人是最具活力的生产要素，也是需求的主体。社会主义生产的根本目的就是不断满足人民群众日益增长的物质文化生活需求。改革开放以来，浙江经济快速增长，社会生产力有了长足发展，但发展不充分不平衡、供给质量不高等问题依然突出，人民群众普遍关心的一些民生短板仍亟待破解。解决民生短板，需要保持较高经济增长速度创造丰富的物质财富，但更需要把发展的重点回归到人的本源，以实现最大多数人的社会效用和民生福祉为立足点，创造高质量的物质产品和文化精神产品，最大限度满足人民群众对美好生活的向往。

第三，保持较快经济增速。改革开放40多年来，浙江经济一直保持较高的增长速度，国内生产总值由第12名上升至第4名，迈入高收入经济体行列。高质量发展和较高经济增长速度并不矛盾，再走高投入粗放型高速增长的老路子，肯定行不通。但浙江的数字经济发展走在全国前列，可以通过技术进步尤其是数字技术创新发展为经济增长注入新动能，实现可持续的中高增长速度。没有一定的经济增长速度，综合实力不强大，高水平的共同富裕就是"空中楼阁"。未来，浙江要保持较快的经济增长速度，必须充分发挥市场机制在资源配置中的决定性作用，充分发挥市场主体的活力，激励市场主体积极参与市场竞争，同时要更好地发挥政府宏观调控作用，市场和政府各司其职，共同推进经济中高速增长和高质量发展。

第四，促进区域协调发展，助力全体人民的共同富裕。浙江区域发展差异总体解决得比较好，但发展不平衡的问题也一直存在。要解决这个问题，必须从以下几个方面着手：一是打破区域市场的分割和保护，强化区域分工和合作，进一步完善对口支援工作，尤其是要深入"山海协作"，打造"山海协作工程升级版"，不断缩小山区与沿海地区的差距。二是完善区域间财政转移支付制度，逐步实现地区间基本公共服务基本均等化。三是坚持城乡统筹发展，实施乡村振兴战略，确保共同富裕路上"最容易掉队的一个不掉队"，建立帮促互惠机制，鼓励社会资本与公益组织共同帮促落后地区和低收入群体，多措并举推动乡村振兴和实现高水平共同富裕。

二　政治建设：为共同富裕举旗定向

加强党的领导，全面推进政治建设，是建设社会主义现代化强国和实现共同富裕的政治保障，发挥着举旗定向的统领作用。实现共同富裕不只是经济问题，更是关系党的执政基础的重大政治问题。我们党在擘画新发展阶段的蓝图时，始终把满足人民对美好生活的新期待作为发展的出发点和落脚点，坚持以人民为中心，自觉主动解决地区差距、城乡差距、收入差距等问题，朝着实现全体人民共同富裕不断迈进。加强党的领导，全面推进政治建设，关乎共同富裕的基本方向，至关重要。在具体操作层面，全面推进政治建设，不断提升行政效率和政府公信力，提高社会治理特别是基层治理水平，增强防范风险和处置风险的能力，强化数字技术在政务管理和公共服务等方面的应用，推动政府治理流程再造和模式优化，不断提高决策科学性和服务效率，增强政府公信力，提供更加便利便民的政务服务，增强人民群众当家作主的意识，引领全体人民在党的领导下齐心协力走共同富裕之路。

三　文化建设：厚植共同富裕的精神理念

现代文明视角下，共同富裕涵盖了人民对美好生活向往的方方面面，既追求物质富裕，又追求精神富裕，既要富口袋，也要富脑袋，是人民群众物质生活和精神生活都富裕。对物质生活与精神生活同步追求，才能实现人的全面发展。共同富裕既体现在物质财富的共建共有，也体现在精神文化财富的共创共享。迈向社会主义共同富裕，要不断满足人民群众多样化、多层次、多方面的精神文化需求。加强文化建设，必须坚持把社会效益放在首位，社会效益和经济效益相统一，推动文化事业和文化产业繁荣发展，促进城乡公共文化服务均等化。要高度重视基层文化建设，创新实施文化惠民工程，促进文化与科技、旅游等跨界融合发展。不断完善文化管理体制，壮大国有文化企业及各类市场主体，激励文化创新创造内生动力，不断提升文化软实力和影响力，努力建成文化强省，为浙江共同富裕示范区建设注入强大的精神力量。

四　社会建设：筑牢共同富裕的公平根基

高质量发展不只是一个经济要求，而是对经济社会发展方方面面的总要求。改革开放 40 多年以来，浙江社会建设和民生工程取得了突出成效，但总体看依然是发展中的短板。要把加强社会建设、提高民生福祉、实现基本公共服务均等化、促进人的全面发展和社会全面进步摆到重要战略地位，为实现高水平共同富裕夯实社会基础，筑牢共同富裕的公平公正根基。一是实施就业优先战略，努力实现更加充分和更高质量就业。充分就业是共同富裕的基本条件。数字化、智能化对就业的创造效应有目共睹，但也要高度重视数字化和智能化对就业的替代效应，坚持劳动密集型和资本密集型、技术密集型产业并举发展，尤其要发挥服务业吸纳劳动就业的主力军作用。完善重点群体和新经济业态的就业支持体系，帮扶困难人员就业，实施更加包容更加灵活的就业政策。二是要实现教育公平，通过增进普惠而优质的教育资源，让农村地区也能够普遍享受优质的教育资源，从源头上解决发展差距问题。三是要加快医疗资源分配的均等化进度，通过增进优质医疗供应和普及健康生活方式，延长人均预期寿命和健康余寿。四是完善养老服务体系和育儿友好型社会。保障老年人共享经济社会发展成果，全面建立以空巢、留守、失能、重残、计划生育特殊家庭老年人为主要对象的居家社区探访关爱制度，建设老年友好型社会。全面建成覆盖全省、布局合理的学前教育公共服务体系，加快发展普惠托育服务体系，多渠道降低育儿成本，率先建成育儿友好型社会。五是完善再分配和第三次分配制度，全面打造"善行浙江"。加大税收、社会保障等转移支付手段等调节力度和精准性，制定实施城乡居民基本养老金标准常态化调整机制。遏制以权力、行政垄断等非市场因素获取收入，取缔非法收入。建立健全改善城乡低收入群体等困难人员生活的政策体系和长效机制。充分发挥第三次分配作用，发展慈善事业，完善有利于慈善组织持续健康发展的体制机制，畅通社会各方面参与慈善和社会救助的渠道，形成"崇善行善、扶危济困"的社会风尚。

五　生态文明建设：共同富裕的驱动力量

社会主义现代化是人与自然和谐共生的现代化。我们既要发展社会生产力和加强文化建设，创造更多物质财富和精神财富，以满足人民群众享受美好生活的需要；也要高度重视生态文明建设，提供更丰富和更优质的生态产品，以满足人民群众对优美生态环境的需要。生态文明和共同富裕并不矛盾，而是互相促进。我们应该把生态文明理念纳入共同富裕框架，使之成为共同富裕的重要驱动力量。众所周知，生态产品的供给者往往是收入相对较低的乡村居民，而需求者往往是收入相对较高的城市居民，要让生态文明变成共同富裕的驱动力量或者内在要求，最关键的就是打通生态产品的供求渠道，以此促进财富的城乡转移和分享。为此，浙江要践行新发展理念，不断完善生态系统生产总值（GEP）核算和考核制度，从而在实践中充分体现生态的经济价值，切实保障生态保护者的经济利益。在具体操作上，主要是要实施生态涵养和保护与财政奖补机制相挂钩的体制机制，还要加快建设绿色发展相融合的生态经济体系，培育发展生态产品和生态资产交易市场，切实把生态价值转化为市场价值。通过这些有效举措，既彰显共同富裕的内在要求，又为浙江高质量建设共同富裕示范区注入新动能和新范式。

在高质量发展中促进共同富裕[*]

曲永义^{**}

习近平总书记强调："共同富裕是社会主义的本质要求，是中国式现代化的重要特征。"① 在实现第二个百年奋斗目标的进程中，深刻认识我国社会主要矛盾变化带来的新特征新要求，把在高质量发展中促进全体人民共同富裕作为着力点，解决好发展不平衡不充分的问题，更好满足人民日益增长的美好生活需要，更好推动人的全面发展，是社会主义发展的历史必然，是中国式现代化新道路的现实选择。

一 坚持以人民为中心，正确处理公平与效率的关系

《中共中央关于党的百年奋斗重大成就和历史经验的决议》中强调，"努力建设体现效率、促进公平的收入分配体系"。公平和效率是社会发展的两大重要目标，从人类渴求社会繁荣与发展这个终极目标来看，二者的总目标是一致的，用历史唯物主义的观点分析，二者的关系

---

* 原载《光明日报》2022 年 2 月 23 日第 6 版。

** 曲永义，中国社会科学院工业经济研究所党委书记、副所长，研究员。

① 习近平：《扎实推动共同富裕》，《求是》2021 年第 20 期。

是辩证统一的。

社会发展首先是生产力的发展，在人类社会由低级向高级不断演进的过程中，无论是资源配置与产品生产效率的提高，还是经济增长率的提升、物质财富的增加，效率始终处于重要的位置。改革开放以来，我们党深刻总结正反两方面的历史经验，认识到贫穷不是社会主义，通过允许一部分人、一部分地区先富起来，先富带后富，极大解放和发展了社会生产力，经济社会发展效率得到了非常大的提升。随着中国特色社会主义进入新时代，在高质量发展中继续提高效率，既是满足人民群众日益增长的美好生活需要、最终实现共同富裕的根本手段，也是应对错综复杂的国际局势、提升我国经济竞争力的客观需要。

同时，我们应该认识到，公平也是马克思主义追求的价值理想。不断增进社会公平，坚持发展为了人民、发展依靠人民、发展成果由人民共享，实现全体人民共同富裕是中国共产党人的价值追求，是社会主义制度优越性的集中体现。毛泽东同志在新中国成立之初就提出了我国发展富强的目标，指出"这个富，是共同的富，这个强，是共同的强，大家都有份"。① 邓小平同志则强调，"社会主义不是少数人富起来、大多数人穷，不是那个样子。社会主义最大的优越性就是共同富裕，这是体现社会主义本质的一个东西"。② 由此可知，社会主义社会的发展，归根结底表现为人自身的全面发展，实质是不断增进社会公平、逐步实现全体人民共同富裕的过程。

党的十八大以来，党中央适应我国社会主要矛盾变化的新要求、新特征，把逐步实现全体人民共同富裕摆在更加重要的位置，采取有力措施保障和改善民生，决胜脱贫攻坚和全面小康，为扎实推进共同富裕创造了良好条件。在迈向中国式现代化的高质量发展过程中，尽管公平与

---

① 《毛泽东文集》第六卷，人民出版社1999年版，第495页。
② 《邓小平文选》第三卷，人民出版社1993年版，第364页。

效率有时存在着矛盾，但我们不应把二者视作此消彼长的替代关系加以割裂，而应把体现效率、促进公平作为中国式现代化新道路并行不悖的目标始终坚守。具体而言，一方面是立足社会主义初级阶段，坚持公有制为主体、多种所有制经济共同发展，通过改善营商环境，优化公平竞争机制，促进人的全面发展，鼓励勤劳创新致富，允许一部分人先富起来，不断完善先富带后富机制，重点鼓励辛勤劳动、合法经营、敢于创业的致富带头人，不断提升劳动生产率、创新能力和市场竞争力；另一方面，继续通过深化改革，构建初次分配、再分配、三次分配协调配套的基础性制度安排，正确处理按劳分配为主体和多种分配方式并存的关系，合理调整国民收入分配格局，强化对分配过程和结果的监管，实现公平与效率的有机统一，在新时代发挥和巩固社会主义制度的优越性。

二　坚持循序渐进，在发展中实现共同富裕

我国尚处于社会主义初级阶段，发展不平衡不充分的问题仍然突出，发展的质量和效益有待提高，居民生活品质还需进一步改善，物质文明、精神文明和生态文明建设还有很大提升空间。受资源禀赋、区位特征、经济社会发展基础等因素影响，我国区域之间、城乡之间的收入分配差距仍然较大；受市场发育不健全和竞争秩序不规范等因素影响，垄断经营、非法经营和地方保护等不公平竞争行为造成的收入分配不平等现象依然存在；受技术含量、劳动密集程度、市场化程度等因素影响，不同行业从业人员之间的收入"鸿沟"依然明显，新一轮科技革命和产业变革在推动经济发展的同时，对就业和收入分配也将带来深刻影响，甚至造成不同产业或同一产业处于产业链不同位置的从业者收入差距日益扩大。所有这些问题，都需要我们在高质量发展中作出更有效的顶层设计和制度安排，循序渐进地逐步加以解决。

增强区域发展的平衡性。在实施区域发展战略和推进乡村振兴的过

程中，加快形成各区域主体功能明显、优势互补、高质量发展的国土空间开发保护新格局，健全城乡一体、区域协调发展的体制机制，围绕推进功能区建设和基本公共服务均等化目标，加大对欠发达地区和农村地区的转移支付力度，缩小区域间人均财政支出差异，增加欠发达地区群众和农村居民的财产性收入，巩固拓展脱贫攻坚成果，改善农村人居环境，让欠发达地区和农村地区的人民群众真真切切感受到实现共同富裕是看得见、摸得着、真实可感的。

强化行业发展的协调性。着力建设现代化经济体系，转变发展方式，解决经济发展中存在的结构性问题，促进新旧增长动能转换，提高全要素生产率，推动金融、房地产等行业同实体经济协调发展。继续深化"放管服"改革，不断优化营商环境，消除扭曲收入分配关系的制度基础，培育壮大各类市场主体，进一步激发企业的创新创造能力，不断提高企业的竞争力。平等对待各类市场主体，为民营企业和中小微企业的发展营造更加公平的竞争环境，构建大中小企业相互依存、相互促进的企业发展生态。

提高发展的包容性。在新发展理念指引下，规范各类市场主体与监管机构的行为，完善劳动力、资本、土地、技术等要素市场，规范市场秩序，完善竞争机制。同时，建立不同群体的利益表达和协调机制，畅通向上流动通道，特别是重视社会弱势群体的利益诉求途径建设，切实保护弱势群体的基本权益，给更多人创造致富机会，形成人人参与的良好发展环境。

三 坚持改革创新，在奋斗中实现共同富裕

改革创新是实现高质量发展的内在要求，奋斗拼搏是推动时代前进的重要动力。我们党团结带领人民在革命、建设、改革的每个阶段取得的每一个辉煌成就，都是开拓创新、顽强拼搏的结果，都付出了

难以想象的辛劳和汗水。共同富裕是一个长远目标，具有长期性、艰巨性、复杂性，不可能一蹴而就，在以高质量发展迈向共同富裕的征程中，必须弘扬伟大建党精神，发扬革命加拼命的优良传统，敢闯敢试、敢为人先，撸起袖子加油干，将人民"生活富裕富足、精神自信自强、环境宜居宜业、社会和谐和睦、公共服务普及普惠"这张蓝图绘到底。

增强人民群众的发展能力，夯实共同富裕的动力基础。在高质量发展中促进共同富裕，需要高素质的劳动者队伍。为此，必须创造更加普惠公平的条件，通过加大人力资本投入提高人民群众受教育程度，提高广大劳动者的专业技能和创业能力，增强致富本领；大力推进基本公共服务均等化，加强财政转移支付力度，完善养老和医疗保障体系、兜底救助体系、住房供应和保障体系，建立统一、开放、有序、高效的劳动市场，为人口流动提供制度支撑，给更多人创造致富的机会，为社会成员从低阶层向高阶层流动提供空间，让全体人民都能通过辛勤劳动和相互帮助，共享改革发展成果和幸福美好生活。

坚持尽力而为、量力而行。以高质量发展促进共同富裕是经济社会动态向前发展的过程，这一过程虽然强调人人享有，但不是搞整齐划一的平均主义，政府要按照经济社会发展规律脚踏实地、久久为功，不吊高胃口，不搞"过头事"，分阶段确定促进共同富裕的目标和政策措施，把保障和改善民生建立在经济不断发展和财力可持续的基础之上，杜绝出现"养懒汉"现象，防止掉入"福利主义"陷阱。

努力创造促进共同富裕的社会环境。共同富裕是全体人民的富裕，是人民群众物质生活和精神生活都富裕，不是少数人的富裕。"公平的社会需要市场安分守己"，以高质量发展促进共同富裕必须规范市场竞争秩序，取缔非法经营和地方保护等不公平竞争，合理调节高收入，理顺资源要素配置的价格形成机制，保护产权，促进和保护合法致富，鼓励高收入人群和企业更多回报社会，推动更多低收入人群迈入中等收入群体行列。引导全社会尊崇创新创业致富的精神，弘扬勤劳致富的价值观，避免"等靠要"思想，促进全社会形成通过创新创业、辛勤劳动、合法经营迈向富裕幸福生活的社会氛围，加快形成人人参与、机会公平、规则公平的发展环境。

下篇

专论

下篇
专论

第一部分

科技支撑

把科技创新作为促进共同富裕关键支撑[*]

李雪松　朱承亮　张慧慧　庄芹芹[**]

　　共同富裕是社会主义的本质要求，是中国式现代化的重要特征。党的十八大以来，党中央把握发展阶段新变化，把逐步实现全体人民共同富裕摆在更加重要的位置上，推动区域协调发展，采取有力措施保障和改善民生，打赢脱贫攻坚战，全面建成小康社会，为促进共同富裕创造了良好条件。现在，已经到了扎实推动共同富裕的历史阶段。新的征程上，我们需进一步解决我国发展不平衡不充分问题，逐步缩小城乡区域发展和收入分配差距，推动全体人民共同富裕取得更为明显的实质性进展。在这一过程中，要把科技创新作为促进共同富裕的关键支撑，着力提高发展的平衡性、协调性、包容性，在高质量发展中促进共同富裕。

　　现实地看，我国科技创新对推动高质量发展、促进共同富裕的动能还不够强劲，科技领域仍然存在一些亟待解决的突出问题。主要表现为：技术研发聚焦产业发展瓶颈和需求不够，科技创新政策与经济、产业政策的统筹衔接不够，科技成果转化能力不强。为适应新发展阶段的

　　* 原载《经济日报》2022 年 3 月 2 日第 10 版。

　　** 李雪松，中国社会科学院数量经济与技术经济研究所所长，研究员；朱承亮，中国社会科学院数量经济与技术经济研究所副研究员；张慧慧，中国社会科学院数量经济与技术经济研究所助理研究员；庄芹芹，中国社会科学院数量经济与技术经济研究所助理研究员。

特征和贯彻新发展理念的要求，我们推动科技创新需更好聚焦数字经济、绿色低碳、产业升级、城乡区域等领域，依靠科技创新为实现共同富裕提供强劲内生动力，发挥科技创新在高质量发展中促进共同富裕的关键支撑引领作用。

第一，以科技创新推动数字经济健康发展，为高质量发展提供动能，为扎实推动共同富裕夯实经济基础。

互联网、大数据、云计算、人工智能、区块链等技术加速创新，日益融入经济社会发展各领域全过程，各国竞相制定数字经济发展战略、出台鼓励政策，数字经济发展速度之快、辐射范围之广、影响程度之深前所未有。与此同时，数字经济也是当前和今后一个时期科技创新的重要战略方向之一，涉及计算机、通信、信息服务等多个技术密集型产业。近年来，我国数字经济蓬勃发展，数字赋能产业转型升级成效显著，数字经济核心产业增长强劲，但同时也存在数字产业关键核心技术短板有待补齐、高水平人才缺乏、对中小企业转型带动不足等问题。在这些方面，尤其需要发挥科技创新的支撑和引领作用。

一方面，要抢抓数字经济产业密集创新和高速增长的战略机遇。稳步推进关键核心技术攻关，充分结合各地数字经济发展的实际情况，对数字安防、集成电路、网络通信、智能计算等标志性产业加大研发投入的强度，特别是要提高基础研究投入强度，培养基础研究领域高水平人才，攻破关键核心技术领域"卡脖子"难题，打造科技竞争中核心技术领域的非对称竞争优势。要充分发挥"互联网+"对传统产业数字化转型的带动作用，在支持工业互联网生态发展的同时，重点关注农业和服务业小微企业及个体经营者对数字技术的应用，使其共享数字经济发展的机遇。

另一方面，要关注数字经济产业密集创新和高速增长对就业和收入分配产生的影响。一是健全数据要素收益分配机制。当前，数据已经成为新的重要生产要素，需聚焦数据要素建立健全公平合理的收益分配机制，更好保障数字经济健康发展。既要纠正平台企业以不正当手段排斥市场竞争的垄断行为，又要保护平台企业促进科技创新的积极性，充分发挥平台经济的规模优势，助力传统产业特别是小微企业和个体经营者的数字化转型，引导各类市场主体有序竞争和持续健康发展。二是扎实推进数字基础设施建设，不断壮大中等收入群体。数字基础设施是推动数字经济发展的重要支撑，技术工人是中等收入群体的重要组成部分。具体可结合 5G 基站建设和云数据中心建设等需求，大力培养技术工人队伍，进一步加大技能人才培养力度，提高技术工人工资待遇，吸引更多高素质人才加入技术工人队伍。

第二，以科技创新推动绿色发展，为扎实推动共同富裕夯实绿色低碳发展基础。

良好生态环境是最普惠的民生福祉。我们扎实推动共同富裕，既要创造更多物质财富和精神财富以满足人民日益增长的美好生活需要，也要提供更多优质生态产品，不断满足人民日益增长的优美生态环境需要。当前，我国生态文明建设进入以降碳为重点战略方向、推动减污降碳协同增效、促进经济社会发展全面绿色转型、实现生态环境质量改善由量变到质变的关键时期，需进一步强化生态文明建设的科技支撑，以科技创新推进产业绿色转型，特别是要在推动绿色低碳科技创新上下功夫。

具体来看，要构建市场导向的绿色技术创新体系，抢占绿色低碳科技创新制高点，加强绿色技术创新方向引导，强化绿色技术标准引领，围绕节能环保、清洁生产、清洁能源、城乡绿色基础设施等领域，开展产品设计、生产、消费、回收利用等环节的绿色关键技术研发、推广、转化与应用；发展壮大绿色现代产业体系，助力生产方式绿色低碳转型，实施工业低碳行动和绿色制造工程，构建覆盖全产业链和产品全生命周期的绿色制造体系，打造特色绿色制造业集群，大力培育新能源及智能汽车、绿色环保等战略性新兴产业；建设国家生态文明试验区，强化科技支撑，更好运用现代科技手段完善环境污染问题的发现、风险预警和应急处置机制，加强空气、水、土壤等方面的污染防治技术研发，提升生态环境治理水平。

第三，以科技创新支撑产业发展和城乡区域协调发展，在高质量发展中促进共同富裕。

巩固壮大实体经济根基，实现区域协调发展和城乡一体化发展，是实现共同富裕的必然要求。当前，我国传统产业改造升级尚不够快，战略性新兴产业尚未形成有力支撑，产业间劳动生产率和工资水平差距较大，区域和城乡发展不平衡不充分问题仍然突出。扎实推动共同富裕，就要着力提高发展的平衡性、协调性、包容性。既要在提升产业发展的协调性上下功夫，依托科技创新赋能传统产业、催生新兴产业，又要增强区域发展的平衡性，更好实施区域重大战略和区域协调发展战略，依靠科技创新不断缩小地区之间和城乡之间的发展差距，实现区域协调发展和城乡一体化发展。

要切实发挥科技创新支撑产业发展的关键作用。在助力战略性新兴产业发展方面，需加大科技创新投入力度，提高产业科技创新能力，鼓励龙头企业牵头组建创新联合体，加强"卡脖子"技术攻关，解决好产业发展共性问题，做优做强生命健康、新材料、量子信息等战略性新兴产业和未来产业，打造战略性新兴产业和未来产业集群。在推动传统制造业转型升级方面，依靠科技创新驱动传统制造业数字化智能化绿色化改造升级，打造国家传统制造业改造升级示范区，聚焦生物医药、集成电路等产业，深入实施产业基础再造和产业链提升工程，大力培育制造业"单项冠军"，全面提升制造业竞争力。在推动农业现代化方面，重点是加强农业科技战略力量布局，力争突破农产品种植技术和加工技术发展相对滞后等瓶颈制约，打好农业领域关键核心技术攻坚战，促进科技成果与生产实际应用紧密衔接，建设农业现代化示范区，大力发展智慧农业。

要切实发挥科技创新促进城乡区域协调发展的重要作用。积极探索欠发达地区创新发展新路径，实施科技兴县（市）战略，加强对重大创新平台和载体的建设及布局，聚焦重点领域开展一批科技创新专项行动，努力建设科技强、产业优、生态美的国家创新型县（市）。还要看到，促进共同富裕，最艰巨、最繁重的任务仍然在农村。农村共同富裕工作要抓紧，既要巩固拓展脱贫攻坚成果，又要全面推进乡村振兴。要以科技创新加速推动农村生产生活方式变革，加强培养新型职业农民，营造良好的农村科技创新生态。同时，实施乡村振兴科技支撑行动，深化科技特派员制度改革，使广大农村居民更好实现科技致富。

科技向善赋能共同富裕的
意义和对策建议

张颖熙　夏杰长*

随着人工智能、大数据、物联网、量子计算、5G、脑科学、石墨烯等新兴技术的快速渗透，数字技术、物理技术和生物技术正在引领第四次科技革命发展。以绿色、智能、融合融通为特征的新科技革命和产业革命蓬勃兴起，深刻影响着各国经济和社会发展。技术的发展可能为人类社会带来巨大福祉，但也可能造成大规模破坏力。因此，科技创新发展既要从工具理性维度考量，也离不开价值理性、人文理性，科技向善成为负责任的科技发展的题中应有之义。研究科技向善如何推动共同富裕具有重要的学术价值和实践意义。

一　研究科技向善推动共同富裕意义重大

在人类文明进程中，科技与伦理的关系一直是人们关注的焦点。1919 年"责任伦理"一词被德国学者马克斯·韦伯首次提出。之后，

---

* 张颖熙，中国社会科学院财经战略研究院副研究员；夏杰长，中国社会科学院财经战略研究院副院长，研究员。

汉斯·萨克塞在《技术与责任》一书中将"责任伦理"引入技术领域，并表明技术发展方向是向善还是向恶取决于人的决定，在技术快速发展的同时要进行伦理反思。近些年来，越来越多的学者关注到"负责任的科学"。例如，"负责任创新"强调技术创新会为整个社会带来的双重影响，使人类逐渐意识到不能仅以经济发展为目标，而忽略了对社会、自然和人的影响，不能摒弃企业的社会责任。

科技向善引领共同富裕，既是科技向善的内在要求，也是共同富裕的必由之路。以移动互联网为代表的科技进步为人类社会带来的重大改变，重构了整个社会的组织方式，打破了金字塔式的信息生产传播结构，使人、社会和自然之间的关系变得更加扁平，助力经济社会的包容性增长。

经济社会发展实践表明，技术虽然能够提升发展效率、增加收入水平、促进共同富裕，但也可能扩大收入差距、抑制共同富裕。不可否认，绝大多数科技企业有向善愿望，但生存和发展压力往往导致向善的产品设计被搁置在较低的优先级。此外，新一代信息技术引起的数字鸿沟问题，即社会资源分配不公导致不同地区、不同行业以及不同企业对信息、网络技术的拥有程度、应用程度以及创新能力不同，进而造成信息落差，导致贫富差距两极分化的趋势。同时，随着技术的进步，也会导致对劳动需求的减小，即技术替代效应导致的劳动力失业风险，以及技术泛滥与信息过载导致的社会稳定度降低等一系列问题，都会对科技向善赋能共同富裕造成阻碍。总之，技术中立视角下科技发展对经济社会发展的影响有利有弊，趋利避害、发展负责任的科技是全社会进步的必然选择。因此，深入研究科技向善推动共同富裕具有重要意义。

二　科技向善推动共同富裕的对策建议

共同富裕的本质是区域和城乡均衡发展，尤其是让欠发达地区、农村地区更快更好地发展，从而让低收入群体更好地分享经济发展的红利。科技是促进经济和社会发展的助推器，只有前往"善"的价值生产，才有利于增加人类的福祉，助推共同富裕。在科技向善赋能共同富裕的过程中，既要加强科技研发与科技扩散，填补科技鸿沟；也要基于共同富裕效率与公平的原则，大幅度提升科技赋能共同富裕的效率，实现快速发展。

（一）加强科技研发，推动产业间区域间科技扩散

科技研发投入能够衡量一个地区的科技投入程度以及科技发展水平，是实现经济发展的重要手段。然而，不同地区科技投入的经济发展效应存在较大差异，部分地区存在科技研发投入对经济发展的滞后效应和科技人才资源储量的不足现象。因此，首先应当加大科技的研发力度，通过合理配置科技研发投入资源结构，缩小地区科技差距，利用数字红利填补区域鸿沟。其次，应当促进不同产业和不同区域间的技术扩散。通过大规模信息基础设施的建设，提升5G、移动互联网等技术的普及率，使越来越多的低收入群体享受科技带来的便利与福利。技术扩散作为知识溢出的重要形式，不是对生产技术的简单获取，而是更加强调技术创新在市场上的传播过程。技术扩散是促进产业升级、拉动经济增长和优化资源配置的重要手段，在技术进步过程中起着至关重要的作用。因此，只有加强区域之间的技术扩散，建立不同地区之间科技创新的良性互动机制，才能促使技术创新在更大范围内产生经济和社会效益，进而推动整个社会的产业技术进步和共同富裕。

（二）强化科技转化，引导科技向善赋能共同富裕

生产力和共同富裕是衡量人类社会进步的两个维度。生产力最直观的测度是生产效率，是指投入与产出的比率，是资源使用效果与资源使用量的比率。生产力提高的根本途径在于技术进步，表现为投入产出率

以及经济增长集约化水平的提高。共同富裕既包括市场经济的等价交换原则所体现的平等，同时也包括市场之外政府各种分配政策，如优先发展、税收制度、社会救助等，调节各经济主体在社会活动中的利益关系，避免两极分化。科技创新不仅是社会发展的基础保障，也是一个地区创造财富、实现经济增长的重要源泉。因此，实现共同富裕的核心在于加强科技创新发展，实现技术进步、资本积累与经济增长的良性循环，从而提升科技赋能促进共同富裕的效率。为此，政府应当鼓励地区或企业引进先进技术，有效突破发展瓶颈，实现经济效率的有效增长。同时，应着力提高地区或企业自身的核心技术能力和人力资本水平，比如加大科技特派员选派规模，强化培养高素质、可持续的科技人才队伍，帮助低收入群体掌握更多的核心技术，提升地区或企业的核心竞争能力，走科技致富之路。

（三）优化分配方式，提升科技推动共同富裕效能

实现共同富裕的关键在于深化收入分配体制改革，处理好效率和公平的关系。2021年8月，习近平总书记在中央财经委员会第十次会议上强调，要在高质量发展中促进共同富裕。在此背景下，一些互联网平台企业启动了多个计划或工程助力共同富裕，充分表明企业在履行社会责任的同时，也在助力三次分配，有效改善贫富差距问题。然而，从1994年"三次分配"概念的提出，到2021年中央财经委员会再次指出要构建三次分配制度安排，始终存在慈善捐赠数量偏低、政策体系不健全、参与主体仍以企业为主、个人捐款数量不足等问题。因此，在推动共同富裕的过程中，应当明确收入分配内容，合理优化分配方式。对于国家再分配能力的建设不应仅视为国家财政结构的优化，而应着眼于国家治理模式转型过程中如何推进法治化、均衡发展和协商民主。一方面，可以通过充分释放社会与市场参与慈善扶贫的机制，鼓励高收入群体和企业更多地回报社会。另一方面，可以通过设置差异化的税率，对

于高科技领域收入实行免税或低税率政策，从而鼓励科技创新推动社会发展，为科技向善赋能共同富裕创造良好的制度环境。

（四）多类模式并举，综合推动科技向善赋能共同富裕

中国特色社会主义市场经济是有为政府与有效市场相结合的经济，因此，推进共同富裕的关键还在于把握政府功能与市场机制的关系，充分实现政府与社会企业的有效结合。在科技向善推动共同富裕的过程中，市场作用通常体现在社会科技企业自发的向善行动，通过企业的高效生产力，提升财富水平，拓展收入来源。然而，市场往往存在信息不对称、不完全竞争、要素禀赋差异等缺陷，导致在收入分配过程中存在市场失灵现象。因此，既要发挥市场在资源配置中的决定性作用，更要发挥政府对市场分配结果的再配置作用，通过营造公平的市场环境，实施二次分配、三次分配的调节，从而有效完善市场机制，在再分配中使发展成果更公平地惠及全体社会成员。同时，还要发挥社会机制在道德、本能、制度文化等因素驱动下自发自愿对资源配置进行第三次分配的调节作用，促进社会共同体共享繁荣与稳定。通过"政府推动、企业参与、市场运作"方式，解决投资载体和资金运营问题，通过"有为政府"与"有效市场"相结合促进区域经济可持续增长，实现形成高质量、可持续的共同富裕。

贫富之治，不患寡而患不均。科技为善，百善而不足。在全面建设现代化国家的征程中，共同富裕迫在眉睫。科技创新作为高质量发展的根本保障，科技发展的尽头不仅是"高"，更在于"好"，唯有科技向善才能正确引领共同富裕。在新一轮科技革命的背景下，科技向善不仅是创造社会财富的动力，更是以人为本对未来的承诺。唯有促进科技向善发展，积极响应共同富裕，才能承担时代新使命，推动人类社会不断进步。

数字经济、收入分配与共同富裕

刘　诚[*]

近些年来，数字经济增加值、创业和企业数量、就业数量、线上市场配置资源数量等都已经与传统经济并驾齐驱。并且，相比传统经济，数字经济是未来经济社会发展的主要"变"量，发展速度快，新业态、新模式和新分配关系更新快，对收入分配影响也更大和更快。所以，在数字经济发展过程中优化收入结构，应对可能出现的分配不均加剧问题，对我国的共同富裕事业具有重要的现实意义。

一　数字经济过程中的收入分配问题

（一）数字经济参与初次分配

在初次分配过程中，数字经济可以促进经济增长，带动中小企业创业，吸纳大量就业，既能做大蛋糕又惠及广大中小企业和不同人群。

一个共同富裕的社会必须建立在"富裕"的基础上，要想在数字经济时代实现共同富裕必须要让数字经济长期健康发展。初次分配不仅要合理分配固有财富，更重要的是在经济总产值不断增长过程中实现增

---

  *　刘诚，中国社会科学院财经战略研究院副研究员。

量优化调整，让中低收入者更快增收。所以，数字经济的初次分配要兼顾效率与公平，在效率提升过程中通过政策引导促进公平。

数字经济的一个重要存在形式是平台，它既是数字产业化的主要外在形式，又是产业数字化的主要载体，也是线上资源的主要配置场所。数字经济以平台为中心，向入驻企业提供服务，形成了一个创新创业的数字生态系统。在数字生态上，平台整合一套标准的技术、数据、支付等各类创新创业的基本要素，降低了中小企业创新创业的门槛。企业只要有一个好的创新创业的想法，就可以很方便地在平台上建立店铺、发起项目、获得融资等，供应商和消费者也很方便地对接到店铺产品和创新项目，从而都能参与进来并从中获益。

数字经济还有助于增加就业岗位和形态，提升社会流动性。机器人的使用具有双重效应，即促进效应和破坏效应。但总体看，就业的促进效应更大，这主要源于企业生产效率提高和产品市场份额提升而导致产出规模扩张，从而扩大了劳动力需求。另外，数字经济增加了新型就业及其收入。数字经济的发展催生了大量的新型就业岗位，例如网约车司机、外卖骑手、数字化运营师等，收入均高于同等或类似技能劳动力从事其他行业获得的平均收入水平，而且其中很大一部分还是劳动者的兼职收入。据统计，我国灵活就业从业人员规模达 2 亿人左右，其中7800 万人的就业方式是依托互联网的新就业形态。数字经济对收入分配的改善作用还在于数字技术降低了许多职业的就业门槛。数字技术的发展，极大地改变了许多行业的生产流程和运营规则，从而降低了相关职业对所需劳动力的技能要求。例如，"云客服"这一职业通过互联网技术远程为客户提供咨询服务，打破了传统职业对于工作时间和地点的限定，从而降低了残疾人就业的门槛，并帮助大量残疾人获得了收入。

（二）数字经济参与再分配

再分配致力于增强对分配差距的调节功能，鼓励勤劳致富。再分配的主要任务是"调节"，通过税收和转移支付调节收入差距，包括初次分配形成的收入分配差距以及存量的财富分配差距。客观地说，我国数字经济对再分配的贡献并不突出，纳税总额及其增速与数字经济产值相比有待提高。

做到不偷税漏税是再分配的底线和红线，否则再好的分配制度也会在实践中被"打折扣"。偷税漏税虽然是个别现象，但相比传统经济而言，数字经济这方面的问题确实比较突出，应作为数字经济参与再分配的首要问题来处理。我国是数字经济大国，同时也是数字经济税收小国，除跨境电商之外，规模庞大的电商平台、社交平台、在线广告等尚未有专门的税收政策。数字经济由于新业态新模式层出不穷，创造的价值在地域、人员、产品和服务的归属上存在模糊性，企业利润和人们获得收益的方式也有相应变化，准确把握课征对象和适用税率在实操环节具有一定的困难。数字经济的税基估值难以确定、纳税主体界定困难、常设机构认定不明以及税收治理方式相对滞后。这就需要平台、企业和个人提高纳税意识，遵守法律，讲究诚信，主动申报；税务部门则要加强对数字经济运行规律的研究，发掘那些数字经济领域不合理的高收入来源，设计专门的征税办法，加强对网红、直播带货等新型个人收入所得的征收管理。

（三）数字经济参与三次分配

三次分配主要指的是慈善捐赠，但数字经济主要获益群体积极回馈社会的氛围仍未形成。由于我国税收减免制度不完善、慈善组织公信力不强等原因，相比欧美国家，我国数字经济领域先富起来的资本家、企业家、经理人、明星、网红等群体参与慈善捐赠的积极性不高、额度不大，未能对数字经济收入分配格局起到实质性改善作用。今后应完善税收减免制度，加强公益组织、团体和志愿者队伍建设，提升慈善组织公信力，拓展公益资金的投资模式和范围，让参与公益事业的人、财和单位都能够在制度上更便利地运行，在数字经济领域形成一个规范的慈善捐赠市场。

科技向善，数字产品本身的普惠性也是数字经济参与三次分配的一种方式。一些数字企业发布人工智能伦理原则、成立人工智能道德委员会、推进科技向善项目、积极探索人工智能伦理机制的各种落地形式的多样化，例如通过产品的适老化设计增强对老年人的护理和照料。数字经济参与救灾、扶贫、基层医疗卫生等社会公益事业，也是三次分配的体现。实际上，在扶贫攻坚、抗击新冠肺炎疫情等社会活动中，数字经济对经济增长韧性、产业链稳定和保障人们日常生活等方面做出了积极贡献，例如健康码就是一种节省抗疫成本的较好技术手段。同时，数字企业也可以从这些社会公益事业中获利。

二　数字经济背景下优化分配关系和助力共同富裕的对策建议

实现共同富裕战略，需要把人均 GDP 的提高转化为居民收入的提高，及时缩小收入差距，这很大程度上依赖数字经济的快速增长及其分配结构的优化。在初次、再次、三次分配过程中，数字经济都可以改善收入分配，使不同人群、地区和城乡的分配更加均衡。面向未来，应积极发挥数字经济的优势，防范和化解可能的风险，扬长避短，推动共同富裕稳健前行。

第一，规范数字经济分配关系。在制度上促进数字经济与共同富裕的激励相容，实现"数字经济快速增长的同时分配结构更加优化"这个理想目标，使得再分配之前的初次分配环节，劳动、资本等各方在数字经济领域得到的收入差距不是很大。要特别关注数字经济微观主体的利益分配，真正做到按要素贡献分配，而不是资本主导的按流量分配，促使从业者有较高收入和工作积极性，创业者有良好的创业商机和营商环境，消费者享受到物美价廉且道德上积极向上的数字产品。规范发展数字经济，优化线上营商环境，增强线上市场资源配置的公平性。保护平台与平台之间、企业与平台之间、企业与企业之间的竞争，合理界定数字产权，对滥用市场权力获取垄断利润的行为进行打击。

第二，加强对数字经济领域高收入的规范和调节。优化线上市场的收入分配格局，从平台向入驻企业、从资本向劳动、从经理人明星网红等少数个人向广大从业者适度倾斜。充分尊重数字平台投资者利用市场机制和企业家精神先富起来的事实，并通过税收等机制引导"先富带后富"社会氛围，使数字平台利益相关者共同富裕。规范网红和明星通过带货直播等方式赚快钱的行为，加强对相关产品质量、价格、税收等的监管，严厉打击其中的偷税漏税和虚假宣传等现象。规范粉丝经济，加强对青少年、老年人网上打赏和购物等行为潜在风险的宣传教育。提高人们的数字素养和道德情操，严禁通过不健康产品和服务、造谣传谣、买热搜等方式博出位、当名人、赚快钱，鼓励勤劳致富的良好风气。打击炒作商业模式的空壳和诈骗行为，积极引导向上的社会价值观。

第三，着力扩大线上中等收入群体规模。鼓励企业向员工提供数字技能培训，并倡导民众自觉学习、积极利用数字技术提升自身人力资本和劳动技能。数字经济导致的职业转换既是调整也是机遇，可借此扩大地区和城乡间的横向流动、行业间的纵向流动。加强对劳动力市场的规范，完善工资指导线制度，建立与网红主播、网约车司机、外卖骑手的沟通机制和渠道。鼓励新型就业，跳脱出"剥削"范式的空泛讨论，推行一种自下而上的"平台合作主义模式"，即促成平台劳动者通过控制劳动条件来实现体面的劳动。调整现有社保制度，建立起适应数字经济发展的劳动者权益保护网。在数字经济发展程度较高、基础较好的地区，逐步探索平台经济就业群体的科学高效管理。

第四，促进城乡和区域数字公共服务均等化。借力数字技术把优质公共服务资源向相对落后地区延伸，让优质公共服务资源普照全体人民。加快推进数字乡村和智慧城市建设，持续提升教育、医疗、卫生、环境保护等重点民生领域数字化水平。更加精准地做好民生需求分析，在更高水平上实现供需对接，在更广范围实现优质共享，比如对互联网平台提供的服务产品强化适老化设计。坚持科技伦理，打击网络不法行为。

第五，促进平台与实体企业在创新研发方面的共同富裕。依托工业互联网平台，筑牢支撑中小企业数字化发展的基础设施，助力中小企业平等共享数据资源，进一步营造有利于中小企业公平竞争和平等发展的市场环境，实现包容性增长。增强平台公共数据和公共研发平台对实体企业基础创新的支撑作用。鼓励企业利用平台进行自主研发，并保护其知识产权。打造线上优质营商环境，提高创业数量和收益。将非软件企业从事软件开发纳入相应税收优惠目录，鼓励制造业企业进行数字技术研发。将中小企业数字化改造升级纳入"专精特新"中小企业培育体系。

第六，促进数据要素共同富裕。加快推进数据要素的市场化改革，建立数据要素的定价理论与算法，从而驱动企业内部的部门独立核算、企业间的数据共享和交易，让人们更加公平地依靠数据获得报酬。对平台提供信息服务的算法加强管理，对劳动者权益保障、消费者保护、科技产品向善等作出细化规定。有效保障每一个人的数字资产权利，并有机会能够参与数字资本收益的分配。在短期还不能充分挖掘数据获益的现实渠道时，可在一些基础制度上作出规范，如数据归属权、企业使用数据的限制、人们的数字技能和素养等，这样至少可以限制资本的无序扩张，对劳动者和消费者起到一定的保护作用，并在今后相关业态成熟后进行清晰的收益分配做好基础制度准备。

数字经济赋能共同富裕的
作用机制与政策建议

夏杰长　刘　诚[*]

共同富裕是中国特色社会主义迈向更高阶段的社会形态，其实质是全体人民共创日益发达、领先世界的生产力水平，共享日益幸福而美好的生活。从时间上看，中国进入共同富裕正好与数字经济时代相吻合。所以，共同富裕作为中国式现代化的重要特征，与欧美在工业化时期进入福利社会迥然不同，它嵌入和依托于数字经济。数字经济和共同富裕具有很强的契合性。共同富裕需要解决普遍增长和发展不平衡不充分的问题，推进共同富裕目标必须坚持均衡共享式增长方式，而数字经济的高技术特征和分享性特征既为经济增长提供动力，也为均衡发展提供共享机制，可以实现在高质量发展中促进共同富裕。

一　数字经济赋能共同富裕的作用机制

（一）数字经济促进均衡式增长

数字经济带动区域产业分散化。由于数据和信息可以较容易地实现

---

　* 夏杰长，中国社会科学院财经战略研究院副院长、研究员；刘诚，中国社会科学院财经战略研究院副研究员。

跨区域流动，导致原本促使产业集聚的地理因素黯然失色，产业布局更加分散。上下游产业链和相关企业在空间上集聚的必要性下降，产业链更短、更扁平、更本地化。生产端、消费端都可以在数字平台上进行匹配，既可以不靠近原材料，也可以不靠近消费者，而是分散在不同地区。与此同时，全国各地的企业和居民都可以较便捷地以较低的价格购买产品和服务，满足生产生活需要。而且，产业的分散有助于增强区域发展的平衡性。产业链的数字化有助于及时将用户需求传递给上游供应商，确保按时交付产品，推动柔性生产和分布式生产。进而，导致价值链布局更加区域化和碎片化，诞生大量基于社区的生产中心、微型工厂以及消费中心。

数字经济助推乡村振兴。农村是共同富裕的洼地，乡村振兴成为共同富裕的必经之路。数字经济成为农业农村发展的新引擎，以信息流带动技术流、资金流、人才流、物资流向乡村地区流动，促进资源配置优化，促进农村全要素生产率的提升。以5G、大数据、人工智能为代表的新一代信息技术日益深入赋能农业农村的各个领域和环节，正在深刻改变着农业生产和农民生活的方式。数字经济不仅促进了一、二、三产业的深度融合，而且推动了农业供给侧的结构性改革，有效带动了现代农业、果蔬加工、仓储物流、彩印包装、创意设计等相关产业的全面崛起，催生了电商企业、网点微商、农民专业合作社、种植大户、农产品加工企业、网商经纪人、物流配送队伍等多个行业的就业岗位。通过电商平台、社交网络、在线旅游和外卖平台等渠道，将本地的特色商品、自然风光、文化旅游资源及时发布出去，带动乡村旅游、餐饮及民宿等产业发展。而且，数字技术改变了农村居民的消费方式、休闲方式和社交方式，使乡村具有媲美城市的现代产业和现代生活水准，缩小了农村居民与城市居民的差异，促进城乡等值化发展而非同质化发展。

特别指出的是，农村数字经济发展有利于全国绿色发展理念的落实。我国绿水青山主要集中在偏远农村地区。在农业和工业社会，历代农民循环着"靠山吃山、靠水吃水"的生活模式，绿水青山得不到很好的保护和利用，甚至一些地区以牺牲山水的方式来创造农田和工业用地，严重破坏自然环境。而在数字经济时代，绿水和青山的旅游价值更容易被推广，且便利的内外信息咨询使农民可以在不破坏自然环境的情况下从外部获取农业生产技术并向外推销农产品。也就是说，绿水青山不再是农民创收的"挡路石"，而成了创收的法宝。

数字经济有利于建设国内统一大市场。长期以来，除了地理区位因素之外，地区分割和地方保护也是造成部分地区贫困落后的重要原因。建设国内统一大市场，既有利于全国经济增长，也有利于不同地区间的均衡发展。数字经济可以规避基于地理区划的行政限制，一定程度上打破行政垄断和地区分割。同时，数字经济有助于打破传统经济基于国有企业性质和资本规模形成的垄断，在事实上降低金融、交通、公用事业等行业准入门槛，倒逼放松行业规制，使民营企业获得更多市场准入机会和公平竞争环境，带动更多居民创业致富。事实上，以平台为代表的数字经济本身已成为一个相对统一的大市场，平台既是一个企业，也是一个市场。平台型企业也越来越具有公共性质，承担起了生态系统规则制定、秩序维护等诸多公共职能，这使政府与市场的边界及传统市场监管模式发生深刻改变。对于平台之外的经济活动而言，平台也已成为它们营商环境的重要组成部分，在一定程度上决定了整体经济活动的交易成本、物流成本、技术成本、广告营销成本以及信贷成本等。因此，数字经济的健康有序运行，关乎线上统一大市场的构建，也关乎线下营商环境的优化，对整体国内统一大市场建设具有重要作用。

（二）数字经济促进共享式增长

数字经济可以弥补公共服务短板。习近平总书记在中央财经委员会第十次会议上强调，共同富裕是社会主义的本质要求，必须把促进全体人民共同富裕作为为人民谋幸福的着力点。实际上，公共服务优质共享是群众最关心、最期盼、最有获得感的领域。数字企业不断嵌入政府公共管理和人民日常生活，既扩大了数字技术的应用空间，加深了数字产业的分工和专业化，又弥补了优质公共服务供给不足，提高了居民幸福感。当前，在医疗、教育以及各领域公共管理的信息传输方面，以政府、事业单位和国有企业为主体的供给方不能充分满足人们美好生活需求，而数字平台可以为参与者提供技术、数据和市场支撑，是一个社会化较强的具有公共服务性质的主体，在一定程度上弥补了公共服务短板。

数字经济可以提升政府服务水平。数字治理已成为国家治理现代化的重要驱动力，是提高政府服务能力的重要手段。通过规则数字化、材料数据化、服务在线化、监管信用化，实施政务服务的全流程再造，用信用数据替代主观评价，用机器替代人促进服务的自动化，实现服务精准直达。这在智慧农业和城市大脑等城乡建设中、在"不见面审批"等营商环境优化中、在教育医疗健康养老等公共服务中，都有广泛的应用场景。

数字经济可以促使公共设施更加充分和平衡。完善的数字基础设施是共同富裕的坚实基础。"要想富先修路"，而在数字经济时代，"路"不仅指公路、铁路等交通基础设施，也包括信息高速公路，且后者重要性更加凸显。能否充分享用数字基础设施，成为人们在当前及未来能否致富的关键因素，也是能否均衡享受公共设施的重要考量因素。数字经济的发展可以促进数字基础设施的均等化，尤其是落后地区和农村可以公平充分地享受现代化、数字化基础设施，从而在经济发展和社会民生方面与富裕地区和城市处于同一起跑线上，同步进入数字经济时代，并一起走上共同富裕之路。

二　数字经济赋能共同富裕的政策建议

归纳起来，数字经济可以带动区域产业分散化、乡村振兴、建设全国统一大市场、弥补公共服务短板、提升政府服务水平以及促使数字基础设施更充分和均衡，前三者突出了经济增长的均衡性，后三者突出了经济增长的共享性。也即，数字经济可以带动均衡共享式增长，促进区域协调、城乡一体化和公共服务均等化，从而推动共同富裕。

需要指出的是，数字经济发展也伴随着低技能人口结构性失业、快递员等群体社会保障不足、老年人"数字鸿沟"等诸多问题。因此，需要在政策设计上尽可能扬长避短，放大积极作用，消除或降低负面冲击，促进数字经济健康有序发展，借此推动共同富裕事业稳健前行。第一，加强数字经济监管。构建适应数字经济发展特征和规律的政策体系、监管规则，依法依规加强包容审慎监管，切实保障从业者、商户以及消费者各方面的合法权益。第二，拓展乡村振兴的数字产业链。加快乡村数字经济设施建设，积极发挥数字经济以及相关平台企业的作用，把有致富需求的农民纳入现代化产业链条之中，不断拓展乡村振兴新思路和新模式。第三，消除"数字鸿沟"。对于农民、老人、中小企业等数字化程度较低的人群和企业，进行定向财政扶持，拓展数字经济应用场景，提高数字经济的普惠性和共享性。第四，以数字化改革推动公共服务质效显著提升。更加精准地做好民生需求分析，打造数字公共服务综合应用场景，在更高水平上实现供需对接，在更广范围实现优质共享。第五，提高共同富裕政策效力。加快形成推动共同富裕的政策框架，并以数字赋能推动政策集成化、全程化和精准化。

以数字化共享平台模式
创新发展互助性养老

刘　奕　李勇坚[*]

2020 年年底，我国 65 岁及以上人口达到 19064 万人，占总人口的比重超 13.50%，成为目前世界上唯一的老年人口超过 2 亿人的国家。以虚拟养老院和时间银行为代表的互助性养老模式，是应对我国老龄化严峻挑战的重要途径，但目前在实践中仍存在不少问题。互助养老数字化共享平台作为一种创新模式，将时间银行的理念运用到虚拟养老院服务平台的运作中，实现了两种互助性养老方式的有机结合，有利于克服现有模式的运行缺陷，在积极老龄化背景下激发参与者积极性，满足养老服务的多样化需求。

一　互助性养老已有实践及存在的问题

近些年，各地在互助性养老方面进行了多种尝试，虚拟养老院和时间银行是其中的典型代表。

* 刘奕，中国社会科学院财经战略研究院服务经济与互联网发展研究室主任，研究员；李勇坚，中国社会科学院财经战略研究院副院长，研究员。

虚拟养老院被称为"没有围墙的养老院",是利用信息技术实现"居家养老+助老服务"的一种创新形式。它依托智能网络技术搭建起养老服务平台,老年人利用电话、手机等即可获得从买菜做饭到打扫卫生、从按摩服务到生病陪护等各项服务,从而便捷地满足居家老年人阶段性、个性化的养老需求;同时,通过对养老服务供给的有效整合,提高其产能利用率。在实际运行过程中,虚拟养老院提供的服务项目虽然多样,但因老年群体的实际购买力不足,无法有效实施推广。

时间银行作为养老服务时间价值置换的社会化平台,依靠参与者发布需求或自愿提供技能服务来交换服务,将志愿服务时间换算成可以存储和支取的"时间币",需要时可提取时间兑换服务。自1998年起,时间银行在上海市虹口区提篮桥街道首开先河,但历经20多年仍未大规模铺开。相关调查显示,时间银行在低龄老年人中接受度较高,具有较强的必要性和可行性。时间银行在志愿服务基础上引入了有报酬且可在将来兑换服务的激励机制,有利于"盘活"社会闲置资源,帮助我国在积极老龄化背景下利用老年人口红利解决我国的养老问题。然而从已有实践看,时间银行运行过程中存在的诸多问题制约其发展壮大。具体表现在以下四方面。

首先,缺乏顶层设计。一方面,国家并未对时间银行这种互助养老模式的法定地位和责任权利加以明确,各地虽然在养老服务条例中有"鼓励、支持建立志愿服务时间储蓄等激励机制"等表述,但缺乏具体的实施细则,实施起来难度较大。另一方面,时间银行互助养老的牵头单位繁多,包括街道、社区居委会、基层党组织、社会组织、民政部门、精神文明办,甚至是志愿者协会、社区"能人"等,由于缺乏统一的规范化管理,组织形式各异,彼此不互通、不连接,导致该模式只能局限在小范围内应用。更进一步,时间银行的服务场所主要在家庭,可能存在人身安全和财产风险,容易产生监管盲区;加之时间银行启动资金缺乏保障等问题,使得这种互助性养老模式缺乏应有的公信力。

其次，平台开放性不足导致存多取少。目前各地的时间银行仍以健康老年人为服务提供主体，服务规模和服务内容较为有限，无法满足老年人的多层次需要。老年人的体力精力决定了其提供志愿服务的规模相对有限，而养老服务对供需双方在时间、空间上的匹配有着较高的要求，加之志愿者队伍的流动性和不确定性，都决定了时间银行需要发动尽可能多的志愿者。从目前情况来看，志愿者的积极性并没有被调动起来，仅靠街坊邻居之间口口相传，难以真正实现互助模式的良性运行。以老年人为主体存入大量时间，也为"时间银行"的长远发展埋下了隐患。

再次，服务计量的标准化体系不够完善，容易产生逆向选择问题。居家养老服务涵盖服务类型多样，既包括非专业人员力所能及的基本服务，也包括技术难度较高、需要专业人员提供的服务。不同服务所需的专业知识和劳动强度不同，劳动价值也不同。时间银行仅以"服务时间"对等"存储时间"，对各类服务项目缺乏客观折算标准，这将诱导参与者优先选择技术含量低、用时长的服务项目，不利于该模式的长期发展。

最后，数字化和规范化程度不高，时间币的存储和兑换存在较强的不确定性。由于时间银行的下沉基础设施铺展不够，缺少统一规范的标准化管理和信息化平台，许多试点城市还是手工录入，无法对互助养老服务资源进行有效匹配和管理。目前时间币在各社区之间都无法通存、通兑，更谈不上在本市、本省乃至全国通存、通兑。而各地区的时间银行运用不同的换算模型，也使得志愿服务在不同地区并不等价。服务者一旦搬家，时间币就沦为"空头支票"，这极大限制了志愿者服务的积极性。

二 互助养老数字化共享平台模式的内涵

互助性养老是政府治理、社会调节、居民自治良性互动理念在养老服务领域的重要体现，对于充分利用老年人口红利解决我国养老问题，具有十分重要的意义。互助养老数字化共享平台作为一种互助性养老创新模式，指的是将时间银行的理念和思维运用到虚拟养老院服务平台的运作中，借助互联网、大数据和人工智能等完善运营体系，实现整体运行的信息化、数字化、智能化和网络化，从而极大地提高供求匹配效率。有需求的老年人通过电话、手机、网络等方式将相应的服务需求发送至平台；志愿者根据自身情况、用户要求、地点远近、服务所需时长及内容等进行抢单，平台根据订单信息在已申请接单的志愿者中筛选，优先通知服务能力匹配的志愿者，形成三方订单信息，志愿者按期实施线下服务。当在一定的时间内（该时间长短根据服务的紧急程度设定）无人应答时，系统可将该服务需求分派给平台上的非营利性养老服务机构，由其完成服务需求。完成服务后，需求方对志愿者的工作进行评价，由平台按志愿者的实际工作时间长短、服务质量和复杂程度以统一的时间币进行支付。平台管理方定期对志愿者的服务等级进行评定，根据评定结果确定其抢单优先级。

运行一段时间后，平台还可考虑开发更多数字化功能，例如老年生活贴士、健康养护、娱乐休闲、学习增值、医疗信息等资讯服务，关联老人的健康信息和专业医疗机构意见，生成日常生活、营养饮食搭配建议，并智能筛选、关联到符合条件的服务单位和志愿者，在老人预订服务时自动推荐；可以逐步根据用户使用频率、浏览习惯及意向等综合数据，向志愿者和老人智能推送其感兴趣的信息；甚至可以纳入有偿养老服务的撮合功能，打造一站式养老服务数字化平台。

三 以数字化共享平台模式创新发展
互助性养老的政策建议

　　数字化共享平台模式在服务功能上实现了两种互助性养老方式的有机结合，有助于利用时间银行解决虚拟养老院支付能力和支付方式问题，同时利用虚拟养老院解决时间银行开放性不足的问题，从而在积极老龄化背景下极大激发参与者积极性，满足养老服务的多样化需求。在实际运行过程中，需要建立一整套政策体系，确保其平稳运行。

　　第一，加强顶层设计。互助性养老仅靠民间组织自下而上推动远远不够，平台创新模式需要信用保障与政策托底。应以民政部志愿者服务管理系统为基础，组织开发适合我国国情的互助养老服务共享平台，并发包给有实力的企业进行运营，真正实现养老互助服务共享、资源共享、信息共享。在推动制定《中华人民共和国志愿服务法》的基础上，需在国家层面研究出台相关的政策法规，给予互助养老共享平台模式法定地位，明确其牵头单位、管理部门、责任权利、组织形式、运行规则，制定平台服务指南及服务清单，划清平台养老模式中的有偿志愿服务同现有市场化有偿购买服务之间的界线，特别是要对时间币的存储、支取、转赠、继承等进行规范。应考虑将政府作为各地服务平台的托底机构，参考"人寿保险公司"的永续机制，明确规定平台不能破产，只能被接管；同时以政策形式规避未来平台停止运行或平台迁移的风险，消除服务参与者的后顾之忧。可以首先在一些城市开展试点研究，取得成功经验后在全国范围内逐步推广。

　　第二，调动多方资源。在平台运行初期，需由政府出资建立平台，鼓励各级政府在平台上购买服务，对重点人群发放时间币以激活需求；设立平台运行专项基金，支持建立"时间币准备金"制度，为平台运行提供资产担保。需出台相关配套措施，充分动员企事业单位、养老服务机构、志愿者组织及各方面社会力量，积极参与互助性养老。需建立时间储蓄激励机制，考虑把社会志愿服务与评优评先、个人信用服务记录、银行良好信用记录挂钩。打通养老同各类社区服务、生活服务的服务链条，努力提升时间币在不同生活服务场景下的接受度和可用性，提高机构和志愿者的积极性。明确志愿者直系亲属之间可以共享时间币。可联合高校采取学分奖励等方式，激励更多大学生参与志愿服务；将时间币存储量纳入国家奖学金评定系统，满足贫困生勤工俭学和自立自强的需求。

第三，引入区块链技术。在互助性养老服务平台上引入区块链技术，有助于确保数据安全，营造良性的志愿服务生态。在平台启动初期，区块链不需依赖单一的控制中心就能够依靠算法运作起来，信用的创造比较便利。利用区块链的去信任化特征设立共享信息登记机制，有益于整合周边的社区组织和企业的资源，引流更多资源融入社区养老互助服务。鉴于政府、社区、企业、社会团体、高校各有一套管理体系，可以运用互联网和大数据工具，记录多种业务的动态数据，逐渐形成规范的代码信息账本，各账本之间靠"互助""合作"链条联通，进行数据信息的联动共享。此外，区块链技术还有助于打破区域限制，通过全国联网解决时间币的全国通存通兑、转移继承等问题。

第四，建立标准化评估体系，重点开展信息标准、计量兑换标准、激励标准和服务提供标准的研制工作。首先，综合考虑服务复杂度、时间长度、服务质量、参与者时间价值等各个方面的因素，建立服务复杂度标准体系，并通过后期服务过程中算法的不断迭代，优化不同服务劳动之间的折算关系。其次，对具体服务所需的合理时间长度，也需建立标准数据库，使不同熟练程度的劳动者之间能够进行时间币的换算。最后，以需求方反馈评价、大数据、人工智能技术等为基础建立服务质量评估体系，建立服务后反馈和回访制度，确保志愿服务质量。探索构建《互助养老服务平台标准体系》，涵盖志愿者招募、注册、需求发布、培训、服务提供、时间存入及转移兑换、服务评价、考核与激励、组织建设、运营管理和权益保障等，用以指导平台全要素、全领域、全周期活动。制定相关信息标准，为通存通兑夯实数据基础。此外，还应建立志愿者培训制度和志愿者利益保障机制，推动服务水平提升的同时降低风险。

第五，构建全过程安全保障体系。在服务前，平台应打通同政府公共信用信息之间的壁垒，增强对志愿者基础信息的审核。服务过程中，平台可全程录音并上传到加密数据库，增加客服热线、一键报警功能等。在服务后，设置志愿者"黑白名单"，匹配中立服务调解申诉功能，给予用户对积分记录、服务修正等争议的反馈渠道。平台也可利用大数据、人工智能、区块链等技术，做好大数据安全风险预警。在完善标准体系和评估体系的基础上，借鉴互联网平台的治理机制（如平台"陪审团"制度），构建争议解决机制，降低纠纷处理成本。此外，还应建立责任保险体系，完善服务志愿者和服务对象保险补贴制度，通过购买服务责任险，对服务过程中的人身或财产损失进行赔付。

下篇
专论

第二部分

社会建设

现代化与共同富裕社会建设

张　翼[*]

　　现代化发展的必然结果，应该是全社会收入差距的不断缩小，也应该是人民对社会发展成果的共同分享。如果说全面建成的小康社会，只是中国式现代化的第一步的话，那么，共同富裕社会[①]的全面建成，则应该是社会主义现代化的第二步目标。

　　正因为如此，2021 年，习近平总书记在中央财经委员会第十次会议上强调指出，共同富裕是社会主义的本质要求，是中国式现代化的重要特征。会议号召以人民为中心，在高质量发展中促进共同富裕。这是继党的十八大、十九大，尤其是在党的十九届五中全会将促进共同富裕取得更为明显的实质性进展浓墨重彩地写入决定之后，中国共产党又一次更为详尽地进行了共同富裕社会建设的顶层设计，清晰勾画了时间表和路线图，形成全面建成小康社会之后中国式现代化建设的重大战略指引。

---

　　* 张翼，中国社会科学院社会发展战略研究院院长，研究员。
　　① 吴忠民率先论证了在中国建设"共同富裕社会"的主要依据。参见吴忠民《论"共同富裕社会"的主要依据及内涵》，《马克思主义研究》2021 年第 6 期。

一 "共同富裕社会"是一种全新社会形态

习近平总书记在庆祝中国共产党成立一百周年大会上的讲话中指出，我们坚持和发展中国特色社会主义，推动物质文明、政治文明、精神文明、社会文明、生态文明协调发展，创造了中国式现代化新道路，创造了人类文明新形态。中央财经委员会第十次会议，又将共同富裕表述为社会主义的本质和中国式现代化的重要特征，使中国特色社会主义的共同富裕体现出新发展阶段的划时代意义。在党的十九届六中全会决议，即在《中共中央关于党的百年奋斗重大成就和历史经验的决议》中，有8处提到富裕（包括5处提到共同富裕），并明确新时代是"决胜全面建成小康社会、进而全面建设社会主义现代化强国的时代，是全国各族人民团结奋斗、不断创造美好生活、逐步实现全体人民共同富裕的时代……"

中国特色社会主义的共同富裕，不同于某些西方国家的"丰裕社会"或"富裕社会"①，而体现着全面建成小康社会基础上的共同富裕，体现着全体人民而非少数人的共同富裕，体现着物质生活与精神生活都得到发展的共同富裕，体现着分阶段分步骤推进的共同富裕，体现着高质量发展特征的、既充满活力又共享现代文明成果的共同富裕，而非新的"打土豪分田地"，也非整齐划一的"平均主义"，更与宋代农民起义领袖钟相所提出的"等贵贱、均贫富"不可同日而语。因此，为中国特色社会主义本质要求的"共同富裕"，其所刻画的社会形态，应该是一种全新的社会形态。正如小康社会是全面建成的小康社会一样，共同富裕社会也应该是体现从"全面建设"到"全面建成"的"两步走"发展战略特征的、标志中国特色社会主义发展到新阶段的人类文明新

---

① 加尔布雷思：《富裕社会》，赵勇译，江苏人民出版社 2009 年版。

形态。

为全面体现出中国式现代化的这个新特征，中国就必须在新的历史起点，面对时代赋予的重大课题，继续与时俱进、砥砺前行、系统提升国家治理体系和治理能力现代化水平，努力发展全过程人民民主，维护社会公平正义，推动人的全面发展，在教育、就业、养老、社会治理、社区发展、社会保障等领域攻坚克难，着力解决发展不平衡不充分问题和人民群众急难愁盼问题，以习近平新时代中国特色社会主义思想为指导，构建促进共同富裕的新发展格局，满足人民日益增长的美好生活需要，增进人民的获得感、幸福感和安全感。

当前，在奋力促进共同富裕取得更为明显实质性进展的过程中，我们需要努力改革与创新教育新模式，大力提升整个民族的人力资本，变"人口大国"为"人力资源强国"，系统促进科技创新和制度创新，攻克一系列卡脖子技术，解放生产力、发展生产力、推动和引领第四次工业革命，在互联网、大数据、人工智能、区块链时代，以颠覆性创新加快形成新产能、新业态、新就业岗位，推动产业转型。而唯有如此，我们才能通过产业转型拉动就业结构转型，以生产效率的提升改善整个社会的收入水平，以高质量发展提升人民的生活水平，形成共同富裕的良好发展态势，在"五位一体"总体布局和"四个全面"战略布局的统领下，协同推进全体人民共同富裕、国家伟大强盛、社会文明和谐、环境绿色美丽。

二　共同富裕社会建设的经济社会基础

改革开放以来，中国共产党团结带领人民，解放思想、锐意进取，战胜来自各方面风险挑战，开创、坚持、捍卫、发展了中国特色社会主义，努力实现了从生产力相对落后状态到经济总量跃居世界第二的历史性突破①，实现了人民生活从温饱不足到总体小康，再到全面建成小康社会的历史性跨越，为实现中华民族伟大复兴提供了充满新的活力的体制保证和快速发展的物质条件。进入新时代以来，党团结带领人民，自信自强、守正创新，战胜了一系列重大风险挑战，实现了第一个百年奋斗目标，并明确了实现第二个百年奋斗目标的战略安排，把逐步实现全体人民共同富裕摆在更加重要的位置上，为中华民族伟大复兴提供了更为完善的制度保证、更为坚实的物质基础、更为主动的精神力量。这些成就的取得，为我们建设共同富裕的社会新形态奠定了雄厚的政治、经济、文化、社会和生态基础。

当前，中国人均 GDP 已连续三年超过 1 万美元——以汇率计算，2021 年已经达到 1.25 万美元左右。与此同时，城镇化率上升到 64.72%。中国居民的收入水平和消费水平迅速提升。2020 年，城乡居民人均可支配收入达到 3.5 万元（其中城镇居民人均可支配收入达到 4.7 万元，农村居民人均可支配收入达到 1.9 万元），城乡居民人均可支配收入之比历史性地降低到 2.5 倍②。全国居民每百户家用汽车拥有量上升到 31.7 辆。全国居民恩格尔系数下降到 29.8%——按照联合国粮农组织的指标，恩格尔系数介于 30%—40% 即达到富裕生活水平。恩格尔系数的大幅度降低说明，城乡居民用于非食品消费的占比达 70% 左右，这预示消费支出中用于教育、医疗卫生健康、旅游、交通和电信等部分的占比处于快速上升通道——中国人民加快了消费升级步伐。

当前，世界新冠肺炎疫情跌宕起伏、波动蔓延。国内疫情也存在散点多发态势。但中国在疫情防控方面，具有制度优势。要取得统筹疫情

---

① 2010 年，中国超过日本成为世界第二大经济体。在转变为第二大经济体之后十几年的发展中，中国进一步缩小了与第一大经济体——美国的 GDP 差距。2021 年年末，中国的 GDP 总量已经达到美国 GDP 总量的 77% 左右。

② 数据来源：2021 年《中国统计年鉴》表 6 - 5，http：//www.stats.gov.cn/tjsj/ndsj/2021/indexch.htm。

防控与推进经济社会顺利发展的重大成就，就必须一手抓疫情，一手抓经济建设和社会建设。总体而言，在短时段，疫情蔓延的影响纷繁复杂。但在长时段，奥密克戎病毒的传染性很强但致死率较低，人类一定会战胜病毒而迎来顺利发展的未来。中国是一个大国，虽然某些主要城市疫情的破防会对经济的增长造成负面影响，但从全国来看，存在东方不亮西方亮的时空发展优势。在城市加强防控的同时，农村与农业的发展态势相对较好。在2021年，中国已经取得了骄人成绩，开好了"十四五"规划大局。在全面建成小康社会之后，中国正逐步迎来全面建设社会主义现代化国家的良好局面。2022年前半年，新冠肺炎疫情跌宕起伏，对龙头城市的上海市和北京市产生重大影响，并进而影响了全国的价值链和供应链，但年中疫情得到有效控制，估计下半年会调头向上。

应该说，小康社会的全面建成，创造了中国式现代化新道路的奇迹。但中国仍然是最大的发展中国家，仍然处于社会主义初级阶段。因此，中国还需要向世界证明，中国人民不但能够全面建成小康社会，而且也完全有能力全面建成共同富裕社会。我们会像全面建成小康社会那样一步一个脚印、抓铁有痕、踏石留印，在新发展阶段继续稳扎稳打地推进社会主义现代化国家建设。小康社会的全面建成，为共同富裕社会的全面建设奠定了坚实基础：

第一，小康社会的全面建成，在中国历史性地消除了农村绝对贫困现象，彻底改变了农村的基本面貌，在世界创造了扶贫攻坚的人间奇迹，将14亿人口的大国"一个也不能少"地载入了现代文明，昂首阔步地迈入社会主义现代化国家建设新征程。这为构建共同富裕社会创造了极其有利的社会条件。

第二，小康社会的全面建成，系统改革了户籍制度，畅通了人口流动渠道，打开了农民市民化的大门，促进大量农村人口进城务工经商，迅速提升了农民工的收入水平，形成了城乡融合发展新格局。土地产权的三权分置，创造性地开启了农民自愿性的土地流转，推动了中国农村现代化农业的多元发展，大范围提升了农村居民的收入水平，连续多年维持了农村居民收入增速快于城市居民的良好局面，为共同富裕奠定了城乡协同发展基础。

第三，小康社会的全面建成，大大优化了整个中国的社会结构，形成了4亿多的中等收入群体，夯实了"双循环"战略得以顺利实施的内需基础。中等收入群体的扩大，有史以来第一次造就了新社会结构的胚芽，奠定了中国式现代化的社会基础。

第四，小康社会的全面建成，在中国建立起了覆盖城乡的社会保障体系，铸牢了社会保护网，形成了科技创新——"颠覆性创新"得以实施的社会环境，为产业升级与产业转型创造了保障条件，铸牢了共同富裕的保障基础。

第五，小康社会的全面建成，探索形成了"调高扩中提低"的橄榄型分配经验，缩小了城乡收入差距，并以东北老工业基地振兴战略、西部大开发战略和中部崛起战略激发了地区发展潜能，形成了内地和沿海先富帮后富，先发展起来地区帮助后发展起来地区的良好局面，为共同富裕的建构打下了区域发展基础。

第六，小康社会的全面建成，提升了国家治理体系和治理能力的现代化水平，增强了党统领全局、协调各方的领导核心作用。这广泛提升了人民的爱国热情，最大限度地凝聚了人心，铸牢了中华民族共同体意识，夯实了中国作为现代国家的政治经济社会基础，为共同富裕社会新形态的建设，建构了制度体系。

三　共同富裕社会伟大构想引领伟大实践

改革开放之初，邓小平同志创造性地提出了小康社会的伟大构想，并通过党的十三大的顶层设计，形成了"三步走"战略目标。在这个战略目标持之以恒地指导下，党领导我们解决了温饱问题，顺利推动总体性小康向全面建设小康社会和全面建成小康社会的战略转型，迎来了从站起来到富起来再到强起来的伟大飞跃。

在党的十九大上，习近平总书记根据中国特色社会主义进入新时代的重大变化，创造性地发展了21世纪马克思主义，与时俱进地推进马克思主义的中国化、时代化和大众化，开创了中国特色社会主义的新境界，建构了习近平新时代中国特色社会主义思想，提出了现代化"两步走"和共同富裕的伟大构想。这个伟大构想是：不断创造美好生活、逐步实现全体人民共同富裕，在2035年基本实现社会主义现代化时，全体人民共同富裕迈出坚实步伐；在本世纪中叶把我国建成富强民主文明和谐美丽的社会主义现代化强国时，全体人民共同富裕基本实现。这是党第一次把全体人民共同富裕明晰为奋斗目标，并以时间表和路线图的方式，勾画出共同富裕社会新形态建设的顶层设计。

党的十九届四中全会，推进了国家治理体系和治理能力现代化，为共同富裕社会新形态的建设铸牢了引领力量。党的十九届五中全会，第一次系统而又具体地表述了共同富裕的阶段性任务。坚定履行了实践发展到哪里，理论就跟进到哪里的理论创新格局。习近平总书记构想的共同富裕，是全面建设的共同富裕，是全体人民的共同富裕，是与"五位一体"和"四个全面"密切结合的共同富裕。正像小康社会逐渐发展为全面建成的小康社会那样，共同富裕一开始就注入了全新的社会形态概念，明晰了从全面建设到全面建成共同富裕社会新形态的逻辑主线。

应该说，共同富裕社会新形态的全面建设，是解决中国发展的不平衡与不充分问题的一把钥匙。共同富裕的本质，既不是低水平意义的"共同"，也不是"少数人的富裕"，而是高质量发展推动形成之富裕意义的"共同"，即在富裕基础上的"共同"。一言以蔽之，是以人民为中心发展思想指导下的全体人民富裕意义的共同，是对"共同"与"富裕"辩证结合为一体的新社会形态的打造。在这个有史以来中国第一次出现的社会新形态中，我们一方面要开放搞活、激发人民生产的积极性，畅通社会流动渠道，继续鼓励一部分人先富起来、形成先富帮后富的社会基础，防范那种"等富"和"均富"的平均主义思想，另外一方面也要消除两极分化、要补足短板、要提升社会平均意义的收入水平与消费水平，保障全体人民共享改革开放发展成果。

共同富裕的远景经济目标，是在 2035 年人均 GDP 达到中等发达国家水平，人均可支配收入达到中等发达国家水平。与此同时，我们也希望将人均消费水平提升到中等发达国家水平，将社会保险与福利水平建设到中等发达国家水平。在这个分阶段进行的共同富裕社会新形态建设中，我们必须坚持社会主义初级阶段的基本经济制度，在一次分配中贯彻市场的要素分配作用，弘扬多劳多得、少劳少得思想，鼓励勤劳致富。在二次分配中，要逐步加大政府干预力度，通过地区项目配置，通过东中西之间的协作，通过财政、税收、转移支付、社会保障等手段，通过基本公共服务的均等化等，逐步缩小收入差距。在三次分配中，发挥社会调节作用，建构先富带动后富的运行机制，鼓励公益、慈善、捐赠行为，扩大非营利组织的社会服务供给渠道，弘扬志愿服务精神，优化共同富裕社会新形态建设的环境。总之，发展仍然是解决我们遇到的主要问题的一件法宝，要坚持在发展过程中既尽力而为又量力而行。

我们要对共同富裕的长期性、艰巨性、复杂性有充分估计，要在示范经验的积累与推广中鼓励各地因地制宜地探索有效途径，逐步推开。需要知道，幸福生活是奋斗出来的。只有既克服小富即安思想，又通过艰苦奋斗，才能在纷繁复杂的国际国内环境变化中，处理好方方面面关系，防范各种风险，一以贯之地推进共同富裕社会新形态建设，推进中国特色社会主义不断向前发展，使中国特色社会主义社会新形态绽放出万丈光芒。

当前，共同富裕社会建设的一个主要通道，就是让全体人民收入水平提升，同时缩小收入差距而共富——在可控的收入差距范围，一方面激励人民勤劳致富，另一方面通过橄榄型分配体系的建设，缩小发展差距。

完善收入分配制度
推动形成橄榄型分配结构[*]

何德旭^{**}

党的十八大以来，以习近平同志为核心的党中央把逐步实现全体人民共同富裕摆在更加重要的位置，采取有力措施保障和改善民生。党的十九届五中全会首次把"全体人民共同富裕取得更为明显的实质性进展"作为远景目标提出。为加快推进共同富裕，2021 年 8 月 17 日召开的中央财经委员会第十次会议进一步对共同富裕作出全面而具体的部署。刚刚结束的 2021 年中央经济工作会议进一步提出要正确认识和把握实现共同富裕的战略目标和实践途径。推进共同富裕，既要"做大蛋糕"，也要"分好蛋糕"。因此，在实现共同富裕的进程中，优化收入分配制度居于十分重要的地位并发挥着极为重要的作用。

* 原载《光明日报》2021 年 12 月 28 日第 16 版。

** 何德旭，中国社会科学院财经战略研究院院长，研究员。

一　优化收入分配制度是实现共同富裕的重要制度保障

习近平总书记指出，"正确处理效率和公平的关系，构建初次分配、再分配、三次分配协调配套的基础性制度安排"。① 从中可以看出，不断完善收入分配制度是实现共同富裕的重要制度保障。

完善初次分配制度，提高分配效率。初次分配是生产要素根据其在生产中的贡献度取得报酬、参与分配的过程，这一过程通过市场完成。生产要素跨区域、跨行业、跨所有制畅通无阻地流动是提高资源配置效率、使各项要素获得平均报酬率的最有效途径。例如，当劳动要素相对于资本要素丰裕时，短期内单位劳动获得的报酬低于单位资本获得的报酬，市场很快反映出资本的稀缺性，并通过市场机制促进劳动密集型行业的发展，随着市场对劳动的需求增加从而推高劳动报酬，最终单位劳动和单位资本获得相同的报酬。反之亦然。因此，完善市场体系，提高初次分配的效率是实现共同富裕的重要前提。目前我国要素市场化改革滞后阻碍了初次分配效率的提升，包括：劳动力市场改革滞后，城乡二元户籍制度引起与之关联的教育、医疗、就业等公共服务的较大差异，导致劳动力纵向流动障碍、同工不同酬现象的出现；金融市场改革不到位，金融供给侧居民投资渠道少从而储蓄率高，导致长期存款利率低于通货膨胀率，金融需求侧不同规模市场主体获得资金的成本和难易程度差异较大，这些都加剧了金融收益的分化；城市建设用地在征收和出让环节市场化程度不同、城乡土地市场不统一等也导致居民财富差距拉大。

加大二次分配的调节力度。初次分配主要依靠市场调节的作用，解

---

① 习近平：《扎实推动共同富裕》，《求是》2021年第20期。

决的是分配的效率问题，但仅依赖市场调节仍难以实现共同富裕，有时甚至会加大贫富差距，因为市场并不总是有效，比如垄断就会造成收入差距扩大。虽然垄断在很多情况下是市场竞争的结果，但垄断发展到一定程度会损害市场效率并影响收入分配的公平性，垄断者会凭借强大的市场占有率通过掠夺性定价、不正当竞争等排挤中小企业，导致财富越来越向少数大企业集中；垄断企业在劳动力市场上形成买方垄断，会压低劳动所得；垄断企业通过垄断势力提高产品和服务的定价从消费者手中获得更多剩余，会加剧收入分配差距。公共服务均等化是二次分配调节的重要组成部分，也是实现共同富裕的重要保障。通过加强教育、医疗、文化等领域社会性支出的均等性，不仅可以在短期有效缩小收入分配差距，而且从长期来看，教育、医疗等公共服务的均等化，有助于减少人力资本积累和未来就业机会的不平等，从而进一步缩小收入分配差距。

鼓励与扩充第三次分配。第三次分配主要是指企业和个人在自愿基础上以捐赠形式实现的收入转移。虽然第三次分配是自愿而非强制性的，在实现共同富裕的过程中起到补充作用，但必须重视其在实现共同富裕中的作用。根据马斯洛需求层次理论，人的需求从低到高分别是生理需求、安全需求、归属需求、尊重需求和自我实现需求，其中自我实现需求是人们达到富裕阶段以后的需求，包括道德、创造力等内容，捐赠等慈善公益行为正是人们在道德和公平方面的自我实现。发挥第三次分配在共同富裕中的积极作用，一是培育乐善好施的社会风气，释放企业和中高收入人群参与慈善公益事业的需求，让慈善捐助成为个人自我价值实现、企业履行社会责任的重要组成部分；二是推动第三次分配与二次分配中的税收政策相互衔接与配合，通过制定合理累进的遗产税、房产税、所得税、利得税或者对捐赠财物给予税收减免，来提高企业和中高收入人群的捐赠意愿。

二　推动形成橄榄型分配结构

中央财经委员会第十次会议明确提出"形成中间大、两头小的橄榄型分配结构"，同时提出了"鼓励勤劳致富""扩大中等收入群体比重，增加低收入群体收入，合理调节高收入，取缔非法收入""保护合法收入"的具体原则，其中的部分表述在党的许多重要文件和会议中曾分别出现。这些要求相互衔接，体现了市场与政府在实现共同富裕过程中应发挥的重要作用。

勤劳致富是优化收入分配结构的基础性原则。市场是实现共同富裕的基础性调节手段，这决定了勤劳致富是推进共同富裕的基础性原则。构建"橄榄型分配结构"，表明共同富裕不是平均主义，仍需区分出收入差距，这种区分主要依靠市场来完成，因为各类劳动者在技能、学历、年龄、偏好等方面存在差异，有效的劳动力市场会识别和区分出这些差异。从微观主体看，无论从事什么行业，劳动者通过劳动在初次分配中获得报酬是共同富裕的基础，是劳动力市场对劳动者的正向激励，有效的市场通过报酬高低体现出劳动力的异质性，因此勤劳致富原则又是劳动力市场效率的表现，体现的是效率与公平的统一。从宏观看，勤劳致富就是物尽其用、人尽其才，鼓励各类生产要素得到充分利用，使宏观经济长期处于充分就业和潜在经济增长水平。

扩大中等收入群体比重是形成橄榄型分配结构的关键。首先，中等收入群体是支撑社会消费需求的中坚力量。在拉动经济增长的三驾马车中，消费所占的比重最大，对经济增长的影响最大。边际消费倾向递减规律表明，虽然低收入群体的边际消费倾向较高，但由于其收入过低，无法支撑宏观消费的增长，而高收入群体虽收入很高但其边际消费倾向很低，也不能支撑宏观消费的持续增长。中等收入群体既有消费意愿又有支付能力，能够形成社会有效需求拉动宏观经济实现持续增长。其次，庞大的中等收入群体能够为社会提供大规模高质量人力资本，促进经济实现创新发展。单个人力资本创新成功的概率很低且不确定性很大，但在宏观层面，在进行了大量高质量人力资本投资后，整体上成功的比例将会提高。如果收入分配差距过大，大部分低收入者及其所在家庭难以负担长期的高质量人力资本投资，少数富裕群体的人力资本投资又难以保证创新活动对人力资本规模的基数要求。所以，提升国家层面的创新能力需要解决数量巨大的劳动者如何进行长期人力资本投资的问题，扩大中等收入群体比重是解决这一问题的有效方案。

合理调节过高收入、增加低收入者收入是防止两极分化的必要举措。库兹涅茨曲线表明，当一个国家和地区经济发展水平较低时，收入分配差距会随经济增长而逐渐扩大，当经济发展到某一较高水平后，收入分配差距又会随经济增长逐渐缩小。值得注意的是，近来有越来越多的实证研究表明库兹涅茨曲线后半段呈现的过程并不是自然发生的，最为著名的研究是法国经济学家托马斯·皮凯蒂在《21世纪资本论》中给出的。他通过研究比库兹涅茨更长的历史阶段发现，长期中资本的收益率始终高于劳动的收益率，不加制约的资本主义加剧了财富不平等现象，而且将继续恶化下去，如果不对收入分配进行干预，收入差距将会持续扩大甚至出现两极分化，而改变这一现象的主要手段是完善政府主导的再分配政策。因此，为防止两极分化并加快形成橄榄型分配结构，应合理使用遗产税、房产税、资本利得税、个人所得税、公共支出等再分配政策工具，通过调整和完善再分配制度合理调节过高收入并增加低收入者收入。合理调节过高收入是宏观经济保持良好运转的重要支撑，如果社会大部分收入集中在少数人手中，会造成宏观经济储蓄率过高而消费率过低，储蓄最终转化为投资，过高的投资与过低的消费无法匹配，最终导致产能过剩、投资效率低下等问题。增加低收入群体收入有助于扩大中等收入群体占比，目前我国低收入群体占总人口比重超过70%，而中等收入群体只占总人口的27%左右，增加低收入群体的收入，使更多低收入群体转变为中等收入群体，有利于形成橄榄型分配结构。

　　保护合法收入、取缔非法收入是形成橄榄型分配结构的重要保障。共同富裕的实现首先依赖于市场对资源配置的决定性作用，而市场经济的有效运转必须有完善的法治体系作为保障。完善社会主义市场经济相关的法律体系，一是可以明确、保护和提高要素所有者的收入，比如完善数据产权、知识产权等法律体系；二是可以明确和规范市场主体的市场行为，阻断和破除套利、寻租行为，消除灰色地带，确保取缔非法收入有法可依；三是可以促进更多资源投入国家鼓励的行业中去，有助于形成既有利于创新又有利于减少行业收入差距、增加社会总福利的市场结构。保护合法收入、取缔非法收入也是鼓励勤劳致富的有力支撑。若经济社会的合法收入无法得到保障、非法收入不予取缔，诚实劳动者的积极性会受到损害，不但不利于改善收入分配结构，还会影响经济长期向好发展。

形成人人享有的合理分配格局

檀学文　杨　穗[*]

共同富裕是社会主义的本质要求，是中国式现代化的重要特征。收入分配是民生之源，关系人民群众切身利益，是实现发展成果由人民共享最重要最直接的方式。为了促进共同富裕，要构建人人享有的合理分配格局。要正确处理效率和公平的关系，重视初次分配的基础性地位，通过高质量发展提高效率效益，确保收入分配来源的稳健和可持续。要从制度安排上促进公平正义，构建初次分配、再分配、三次分配协调配套的基础性制度安排，加大税收、社会保障、转移支付等调节力度和公平性，发挥三次分配的增量效应，形成中间大、两头小的橄榄型分配结构。要着力提高社会流动性，使每个人都有能力和机会参与经济社会发展，共享高质量发展的机会和成果。当然，人人享有的合理分配格局不是一步到位，也不是政府大包大揽，而是要坚持尽力而为量力而行，渐进共享。

---

* 檀学文，中国社会科学院农村发展研究所贫困与福祉研究室主任，研究员；杨穗，中国社会科学院农村发展研究所贫困与福祉研究室副主任，副研究员。

一 人人共享是普遍共享和全面共享的统一

"治国之道，富民为始。"共同富裕是亿万群众的共同期盼。中国共产党的初心和使命，就是为中国人民谋幸福，为中华民族谋复兴，在打赢脱贫攻坚战、全面建成小康社会后继续向逐步实现共同富裕迈进。为了促进共同富裕，需要构建人人共享的合理分配格局以缩小发展差距。人人共享是中国特色社会主义以人民为中心、促进社会公平正义的必然要求，是普遍共享和全面共享的统一。首先，共同富裕是全体人民而不是部分人的富裕，要坚持包容性发展，不让一个人掉队，不让一个区域落下，不让一个民族滞后。其次，合理分配并不只是收入共享，而是要尊重人民群众主体性和人的全面发展理念，形成全面共享格局。人民群众是改革发展成果的创造者和享有者，共同富裕需要全体人民的共同参与、共同建设、共同享有。应通过公共服务均等化、发展战略和公共政策调整、转移支付等优化配置手段，实现能力共享、机会共享、共建共享以及发展成果共享。坚持人人发展、人人参与、人人尽力、人人享有，有利于不断提升经济社会发展共享程度，促进人的全面发展，使全体人民朝着共同富裕目标扎实迈进。

二 构建三次分配协调配套的基础性制度安排

完整的收入分配由初次分配、再分配和第三次分配组成。目前我国已经初步建立三次分配体系，但初次分配和再分配都还有改进的空间，第三次分配则初见端倪还有待于加强和完善，目标是构建三次分配协调配套的基础性制度安排。

（一）强化初次分配基础性作用，树立持久共享的居民收入增长源泉

初次分配是包括劳动者在内的各类要素在市场活动中按照贡献形成的，在居民收入决定以及三次分配格局中具有基础性地位。通过健全初次分配体制机制，保持居民收入稳定增长，是深化收入分配制度改革的前提和基础。改革开放以来我国收入差距持续扩大，近年来虽有所缩小但是仍在高位徘徊，这主要是在初次分配中形成的。通过强化初次分配基础性作用来优化分配结构有两条基本路径。第一条路径是"开源"，主要是通过促进高质量充分就业、推动产业结构升级、提高全员劳动生产率等手段实现共享生产率成果。任何收入分配都要以财富创造为前提，只有当所有人的最大潜能都得到培育和激发，共同富裕才有了持久而共享的收入源泉。初次分配机制要坚持"鼓励勤劳致富创新致富"的原则，鼓励劳动者通过辛勤劳动、合法经营、创新创业并劳有所得，提高社会流动性，共同迈向幸福美好生活。第二条路径是"清源"，让各类收入合理合法、清清白白、符合要素贡献。要坚决取缔非法收入，打击权钱交易、内幕交易、操纵股市、财务造假、偷税漏税等获取非法收入行为；清理规范不合理收入，包括垄断性行业、国有企业、上市公司等变相增加高管收入的分配乱象，以及事业单位、垄断性服务业于实无据的乱收费等。完善初次分配体制机制，将有利于提高劳动者报酬在国民收入中的比重，尤其是提高普通劳动者对劳动报酬的共享程度，进一步健全居民持续增收的长效机制。

（二）优化再分配机制，加大再分配调节力度和公平性

我国初次分配中形成的收入差距既有合理成分也有不合理因素，目前再分配领域的税收和社会保障方面均还存在一定问题。在税收方面，税收政策对于收入差距的调节作用仍然较弱，直接税比重过低，财产收益分配尚缺乏强有力的调节工具。在社会保障方面，我国虽然建立了基本完整的社会保障体系，但其再分配作用并不明显。养老保险、医疗保险等社会保险政策甚至产生了扩大收入差距的效应，低保等社会救助和面向特殊困难群体的社会福利的再分配作用也比较微弱。为此，我国需要优化再分配机制，加大再分配调节力度和公平性，通过再分配将收入差距调控到合理范围内。一方面，要通过税收制度改革，合理调节过高收入，减轻低收入群体的税赋负担。要完善个人所得税制度，适度提高高收入阶层的累进税率并完善高收入者收入核实和如实纳税的技术和手段；要规范资本性所得的再分配机制，建立类似于所得税的累进税制；要科学论证和审慎开通房地产税，在"房住不炒"、缩小财产差距和维护公民合法财产权益之间寻求平衡；要健全和适当扩大消费税，形成多消费多纳税机制。另一方面，要适度加大社保支出再分配调节力度，改善再分配公平性。要研究制定针对低收入人群的优惠政策，使医保报销待遇、养老金等福利待遇对收入分配的影响从逆向调节向正向调节转变，让欠发达地区和低收入群体获得更多保障权益，加大社会保障对缩小收入差距的贡献。

（三）发挥第三次分配增量效应

第三次分配，是指企业、社会机构和居民，在自愿且有能力的条件下，以自有合法资金资源以募集、捐赠和资助等慈善公益方式对社会资源和社会财富进行分配。在完整分配格局中，第三次分配是在科学、健全的初次分配和再分配基础上的有益、必要的补充性分配形式，是社会公益心增强和公益制度完善的体现。但它不是富人的"自我救赎"，也不是社会性的"劫富济贫"。第三次分配的补充性作用主要体现在对再分配的社会保障和收入分配调节作用不充分的弥补上，是一种增量效应，因此应更多地用于社会公益和社会救助，而不能用于对正规社会保障体系亏空或"穿底"的弥补。

三 形成橄榄型合理分配结构

我国构建合理分配格局的目标是要逐渐形成中间大、两头小的橄榄型分配结构。在合理调节过高收入基础上，主要是扩大中等收入群体规模，缩小低收入群体规模并不断提高其收入水平。当前我国中等收入群体规模不少，但在全国人口中的比重还不高，相对较低收入人群在中等收入群体中占比较大，一部分中等收入群体就业稳定性不足，存在"掉队"风险。多措并举扩大中等收入群体尤显重要和紧迫。一方面要提高现有中等收入群体的收入水平，改善收入结构，进一步提升其消费能力；另一方面要瞄准重点人群精准施策，推动更多低收入人群迈入中等收入行列。要持续推动实施就业优先战略和积极就业政策，帮助高校毕业生、技能人才等重点人群提高劳动参与率，更好地实现充分就业和稳定就业。要深化户籍制度改革并缩小公共服务差距，使更多进城农民工实现市民化并跨入中等收入群体行列。

短期内难以进入中等收入群体的低收入群体是重点帮扶保障对象。要扩大社会流动性，增强低收入群体劳动增收能力和向上流动的机会。持续巩固和拓展脱贫攻坚成果，完善发展型、适应性的综合保障制度，强化互助共济功能，提高民生保障抵御风险和冲击的能力。重点加强基础性、普惠性、兜底性民生保障建设，注重低收入群体的主体性发挥和能力提升，重点是弥补"福利缺失"，同时也要杜绝"福利依赖"。促进共同富裕最艰巨最繁重的任务仍然在农村。要建立健全农民持续稳定增收的长效机制，把农民增收和加快农业现代化、实施乡村振兴战略、新型城镇化统一起来，从城乡融合角度拓展促进农民增收的视野。要以促进转移就业、创新生产经营、深化改革和强化政策支撑为重点，优化收入结构，促进农民持续增收，缩小城乡收入差距，确保亿万农民走上共同富裕的道路。

不断提升社会保障和转移支付体系，
促进全体人民共同富裕

陈光金*

2021 年 8 月 17 日，中央财经委员会第十次会议召开，会议指出，要坚持以人民为中心的发展思想，在高质量发展中促进共同富裕，正确处理效率和公平的关系，构建初次分配、再分配、三次分配协调配套的基础性制度安排，加大税收、社保、转移支付等调节力度并提高精准性，扩大中等收入群体比重，增加低收入群体收入，合理调节高收入，取缔非法收入，形成中间大、两头小的橄榄型分配结构。再分配促进共同富裕和社会公平正义的作用受到党中央高度重视，同时也在全社会引发巨大反响。从我国当前和今后一个时期的经济社会发展趋势来看，促进全体人民共同富裕的一个基本点，是逐步地并且不断地缩小全社会的收入分配差距。

* 陈光金，中国社会科学院社会学研究所所长，研究员。

一　社会保障和转移支付缩小分配差距的
国际经验与我国实践

从概念上看，社会保障体系是社会转移支付体系的基本组成部分。因此，在国外的相关文献中，我们更多地看到的是转移支付对于缩小收入分配差距的作用的分析，其中就包括对医疗保险、养老保险等社会保险的作用的分析，也包括对收入保险、贫困救助等面向城乡居民的转移支付的作用的分析。在我国的学术和政策语境中，社会保障与转移支付在很多情况下是两个有关但又不同的概念，但在具体分析中又很难分开，因此本文把它们缩小收入分配差距的作用的分析合起来进行。另外，税收也是缩小分配差距的重要手段，税收是转移支付实现的基础条件，同时更是实现分配正义的基本手段，关于税收促进分配正义和缩小分配差距的作用，我们将另外讨论，本文主要讨论社会保障体系和转移支付体系缩小分配差距促进共同富裕的作用问题。

在初次分配必然出现比较显著的差距的情况下，社会保障体系和转移支付体系是缩小收入差距的重要途径。从国际上看，初次分配的差距程度都比较高，即使是发达国家，初次分配的全社会基尼系数都超过了0.5的水平；但通过社会保障和转移支付这两个再分配手段，它们都不同程度地降低了分配差距。据经合组织（OECD）经济部门的研究，在21世纪头十年，经过再分配调节之后的住户市场收入差距与调节前的住户可支配收入差距相比平均可以减少10个百分点，其中法国平均降低14个百分点，这基本上保证了大多数OECD国家的全国住户可支配收入基尼系数保持在0.4以下，一些国家的住户可支配收入基尼系数甚至被降至0.3以下。在通过再分配而缩小的收入分配差距中，包括各种社会保险在内的转移支付的贡献在2/3—3/4。例如，在美国，2009年，住户可支配收入基尼系数比市场收入基尼系数降低16个百分点，其中，转移支付调节减少 12 个百分点左右（占 3/4 左右）。另有资料显示，到 2017 年，18 个欧盟国家市场收入的基尼系数平均为 0.443，在经过包括税收和转移支付在内的再分配调节后，这些国家的住户可支配收入基尼系数平均降为 0.29，降幅达 40%，再分配调节作用非常显著。

在中国，改革开放以来尤其进入 21 世纪以来，我们党始终高度重视再分配的问题。党的十六大报告提出了"初次分配注重效率、再次分配注重公平"的原则。党的十七大报告对收入分配制度作了进一步的调整，提出"初次分配和再分配都要处理好效率和公平的关系，再分配更加注重公平"。党的十八大报告重点强调了收入分配的公平问题，认为税收和社会保障等再分配手段能有效地缩小贫富差距，初次分配即将效率和公平结合起来。党的十九大报告要求，"履行好政府再分配调节职能，加快推进基本公共服务均等化，缩小收入分配差距"，对政府做好再分配调节工作提出了具体的要求。2021 年 8 月 17 日召开的中央财经委员会第十次会议第一次提出三大分配协调配套的基础性制度建设目标，提出了提高精准性的要求。这些要求无疑是我们审视、考察和研究再分配问题的指针和方向。

党的十七大尤其是十八大以来，我国不断加大收入分配调节力度，从社会保障和面向城乡居民的转移支付方面来说，包括但不限于：加大农业种养补助力度和范围，减免义务教育阶段学杂费、扶助贫困大学生，建立和不断完善新型社保制度和体系、扩大社保覆盖面、提高社保统筹层次、提高养老金给付水平、扩大医疗保险报销范围并提高报销水平，建立城乡最低生活保障制度、不断加大社会救助力度，等等。从社会保险体系的发展来看，根据国家人力资源和社会保障部的统计，截至 2020 年年底，全国基本养老保险参保人数为 9.99 亿人，约占应参保总人数的 90%；失业、工伤保险参保人数分别达到 2.17 亿人、2.68 亿人，全年三项社会保险基金总收入 5.02 万亿元（占 GDP 的 4.94%），总支出 5.75 万亿元（占 GDP 的 5.66%）。另据国家医疗保障局的统计，2020 年全国基本医疗保险参保人数总计 136131 万人，参保率超过 95%；全年基本医保基金（含生育保险）总收入 24846 亿元（约占当年 GDP 的 2.4%），全国基本医保基金（含生育保险）总支出 21032 亿元（约占当年 GDP 的 2.1%）。

尤其值得一提的是，党的十八大以来，加快推进全面建成小康社会的进程，实施大规模的脱贫攻坚战略，累计投入数万亿元的财政资金用于农村精准脱贫工作，其结果不仅是到 2020 年如期实现了脱贫攻坚战略任务，农村全部贫困人口实现脱贫，全部贫困地区实现摘帽；而且还体现在城乡居民家庭人均可支配收入差距的显著缩小。根据国家统计局公布的数据计算，2003 年，城镇居民家庭人均可支配收入中转移性收入所占比重是农村居民家庭人均收入中转移性收入所占比重的 20.4 倍，此后逐年稳步下降，到 2012 年降至 8.5 倍，2013 年更是急剧下降到 2.6 倍，此后大体稳定在这一倍数上。这一变化也显著地改善了总体上的城乡收入差距，我国城乡居民家庭人均可支配收入之比，在 2008 年达到峰值（3.33∶1），此后逐年缩小，到 2020 年降至 2.56∶1。城乡居民收入差距的缩小，也促进了全社会收入差距的缩小，据国家统计局公布的数据，我国全社会人均可支配收入分配基尼系数在 2008 年达到峰值 0.491 之后开始逐年下降，到 2020 年降至 0.465。

国家统计局公布的城乡收入差距和全社会收入分配基尼系数，都是以可支配收入为数据基础计算出来，也就是说，这样的收入数据是经过了税收、社保、转移支付等调节后的结果，我们很难判断它们各自在再分配调节方面具体发挥了怎样的作用。但从国际经验看，大体可以认为，在这个过程中，社会保障体系和面向居民的转移支付体系发挥了更大的作用。而从我国在这方面的整体作用水平相对发达国家而言还较低的情况看，社会保障体系和面向居民的转移支付体系的作用还有较大的提升空间。限于资料收集和分析的难度，本文下面主要集中讨论社会保险体系和社会救助体系的进一步完善和提升问题。

二 我国社会保障体系的问题与短板

总的来说，我国社会保障体系建设的成绩是显著的。但是，从社会保障体系发挥再分配作用的情况来看，还有较大的发展空间。国内学术界大多数相关研究发现，在相当长的一个时期，社会保障体系呈现出不同程度的逆向收入调节效应，党的十八大尤其是十九大以来，这种状况基本被扭转，但其实现的正向调节作用仍然不够有力。社会保障体系的再分配调节作用不够理想的原因是多方面的，以下几个方面可能尤为重要。

（一）社会保障体系覆盖率和待遇水平仍有提升空间

目前我国养老保险和医疗保险的参保率较高，前者在90%左右，后者超过95%，进一步扩围任务相对较小。但失业保险和工伤保险的参保率还比较低。据国家人社部统计，2019年我国属于《失业保险条例》规定的参保范围的城镇就业人员总计44247万人，其中参加失业保险人数为20543万人，参保率为46.4%。按照《工伤保险条例》的规定，工伤保险的参保范围不限于城镇就业人员，但不包括在农村从事家庭农业经营的农民以及党政机关工作人员。按照这一范围计算，2019年全国应参加工伤保险的人数大约为5.8亿人，当年实际参加工伤保险的人数为25474万人。这样，2019年全国工伤保险参保率不到44%。从社会保障待遇水平来看，也还有提升空间。以养老保险金为例，据统计，2019年全国养老保险支出49228亿元，领取养老金的人数约3亿人，人均获得约1.64万元，相当于当年全国居民人均可支配收入中位数26523元的61.9%。按照世界银行提出的标准，退休人员要基本保持退休前的生活水平不下降，其养老金替代率应不低于70%。更重要的是，养老金待遇水平存在较大的群体和城乡差距。从有关统计数据看，目前的实际情况是，机关事业单位退休人员的养老金（退休金）替代率普遍高于70%；而企业单位退休员工的养老金替代率普遍较低，还不到50%。养老金替代率的城乡差距也十分巨大，按照现行新农保方案测算，可能还不到20%。

（二）社会保障体系的系统性、协同性不足，导致结构失衡、社会公平有缺

一方面，社会保险、社会救助、社会福利三大系统结构失衡。在社会保险制度安排中，养老金最受重视，医保次之，工伤、失业保险受重视程度不足，护理保险还未建立。从国际经验看，随着人口老龄化程度日渐提高，不仅医疗保险变得至关重要，护理保险也变得越来越重要。另一方面，社会保障制度的统一性与规范性不足，导致权责不清、筹资失衡、待遇不公等制度性缺陷广泛存在。长期以来，中国社会保障改革都奉行自下而上试点探索的策略，几乎各项社会保障制度都缺乏全国统一且能够刚性约束地方行为的完备法律法规政策规范，目前全国各地区社会保险体系筹资失衡，便是这种状况的结果。2018年，鉴于一些省份养老金支出出现缺口之故，国家建立企业职工基本养老保险基金中央调剂制度。2019年，对中央调剂基金做出净贡献的省份有7个，持平的省份有2个，其余22个省份都是中央下拨大于地方上缴的"受益"省份，"受益"额度超过50亿元的省份有8个，辽宁省的"受益"额更是超过200亿元。2020年，这种状况继续延续。大抵可以认为，所谓"受益"省份也就是本地养老金收不抵支的省份。从社会保障责任分担情况看，总体上是中央政府和用人单位责任较重，地方政府和个人责任相对较轻。在个人层面，也存在筹资失衡从而待遇有失公平的问题，不利于促进共同富裕。例如，居民医保体系采取按人头定额缴费制，富裕家庭与低收入家庭人口承担等额缴费义务，既有违医保筹资应与收入高低挂钩的原则，也导致医保待遇领域出现逆向调节现象。

（三）法定基本保障与补充保障发展失衡，补充保障发展不足

据统计，2019 年，我国企业年金参保人数为 2548 万人，仅占基本养老保险参保职工人数约 6%；2020 年参加职工人数 2717.5 万人，占比仍为 6%。面向机关事业单位职员的强制性职业年金却迅速实现了全覆盖，养老保险"双轨制"以新的形式重新出现。在医疗保障中，主要依靠基本医疗保险支撑，医疗救助托底保障功能有限，商业健康保险并未真正形成市场，慈善、互助医疗缺乏规范引导。在这种情形下，高收入者不能通过市场机制获得更加全面的健康保障，中低收入群体还面临着巨大的重大疾病风险。此外，相关制度不能有效协同配套。如社会保障与教育、就业、收入分配等相关系统尚未做到良性互动和相互促进；医保、医疗与医药之间协同推进力度不足甚至存在效果对冲现象，特别是公立医院逐利性强、基层医疗服务能力弱的局面尚未被改变。

（四）社会保险参保质量不高，部分社保险种覆盖率低

社会保险是中国社会保障体系最重要的构成部分，其覆盖面扩展虽快，堪称世界覆盖人数规模最大的社会保险制度，但相关政策调适缓慢，社会保障体系的参保质量不高，部分社会险种覆盖率低，影响其再分配作用的发挥。一方面，基本养老保险、基本医疗保险均按职工与居民两大人群类别进行安排，虽然符合现阶段国情，但针对两类人群的筹资与待遇标准差距大。以基本养老保险为例，2020 年全国参保人数达9.9 亿人，但以居民身份参保者达 5.4 亿多人，2020 年居民个人年均缴费仅为 402 元，相当一部分人的年缴费只有 100 元，即使缴费 20 年也只有几千元，未来难以满足居民年老后的基本生活需要。在基本医疗保险方面，2020 年全国参保人数为 13.6 亿人，其中以职工身份参保者仅为 3.4 亿人，以居民身份参保者高达 10.2 亿人，后者占 75%。分职工与居民设立的医保制度实现共济的难度大，而医保待遇的筹资差异越

大，必然导致待遇差距越大。另一方面，失业、工伤保险覆盖范围窄，还不能充分发挥作用。2020年，全国参加失业、工伤保险的人数分别只有2.17亿人、2.68亿人，而同年城镇就业人员约4.5亿人、农民工达2.9亿人，两者合计约7.4亿人，由此推算2020年失业保险和工伤保险的参保率分别仅为29.3%和36.2%。

（五）社会救助体系水平偏低，城乡相对贫困治理需要高度重视

最低保障生活制度（以下简称"低保"）是我国最为重要也最为基础的社会救助制度，类似于美国实行的收入保险计划，可以视之为一种基本的面向城乡居民的转移支付制度。该项制度建立以来，在保障城乡困难居民的生活方面发挥了不可或缺的重要作用，同时也有利于缩小分配差距促进共同富裕。什么人或家庭可以参加低保体系，取决于低保线的设置。据国家民政部统计，2020年年末全国共有805万人享受城市最低生活保障，3621万人享受农村最低生活保障。全国城市低保平均保障标准为每月677.6元/人，年化标准为8131.2元/人，相当于当年城镇居民家庭人均可支配收入中位数40378元的20.1%；农村当年低保平均保障水平为5962.3元/人，相当于当年农村居民家庭人均可支配收入中位数15204元的39.2%。在城乡实际低保待遇方面，2020年，城镇最低生活保障支出总计537.3亿元，相当于人均每月给付556元，年给付6675元；农村最低生活保障支出1426.3亿元，相当于人均年给付3979元。从国际经验来看，我国的城乡低保线相当于相对贫困线，一般应当达到人均可支配收入中位数的40%以上，并且应当根据困难家庭类型、结构和规模进行分档设置。上述数据表明，如果要让我国城乡低保制度在农村脱贫攻坚取得全面胜利后发挥城乡相对贫困治理机制的作用，一方面要进一步提升低保线水平，而相对而言，目前城镇最低生活保障线是明显偏低的；另一方面，要根据城乡困难家庭的类型、结构和规模科学合理设置不同的低保线。

三　不断完善和提升社会保障和转移支付体系，促进全体人民共同富裕

无论是国际经验还是我国实践都表明，社会保障体系和转移支付体系在缩小分配差距促进共同富裕方面应当发挥更大的作用，这种作用的主要机制是通过提高低收入人群的收入水平来调节收入分配差距。可以考虑从以下几个方面入手，推进我国社会保障制度和体系的改革和完善，进一步增强社会保障调节收入分配差距的作用，发挥好支柱作用。

一是进一步提高社会保险体系的参保率。养老保险和医疗保险的扩面要做好收尾工程，尽快实现应当参保者全部参保。逐步加快失业保险和工伤保险扩面进程，建议在"十四五"时期实现失业保险和工伤保险覆盖率达到60%，亦即在目前的基础上实现每年平均增加1个百分点的参保率；到2035年基本实现全覆盖。

二是根据国家经济社会发展形势，适度提高社会保障待遇水平。实现城乡居民收入增长与经济增长基本同步，这是党的十八大以来中央一直坚持的战略方针，也是实现全体人民共享发展成果的必要条件。提高社会保障待遇水平还要注意分类施策。从源头来看，重点是要形成企业职工工资正常增长机制，体现居民收入增长与经济发展基本同步的总体原则，从而适度提高养老保险缴费基数水平。要加快推进企业年金制度的实施，真正将其建设为养老保险的第二大支柱，为此国家要对企业年金提供更多的税收优惠。在企业年金发展较好的国家，税收优惠水平都比较高，例如，美国的优惠比例为15%，澳大利亚的优惠比例为20%。我国还比较低，现行规定是企业支付给职工的企业年金可从工资总额中扣除5%以下的部分，还有提高空间。还要着力解决新农保总体水平偏低的问题，加快推进城乡统一的基本养老保险制度的建设和实施，缩小城乡居民养老待遇水平差距。在社会保障体系的其他领域，同样需要根

据经济社会发展调整待遇水平。

三是不断提高社会保障体系的系统性、协同性，更好地促进社会公平和共同富裕。要致力于实现社会保险、社会救助、社会福利三大系统之间的动态平衡，做到相辅相成，促进社会公平。要推动社会保险四大险种的平衡发展，并根据积极应对人口老龄化的需要加快建立长期护理保险。要逐步同等待遇社会保障制度体系的统一性与规范性，解决好权责不清、筹资失衡、待遇不公等制度性缺陷。加快推进养老保险和医疗保险的全国统筹进程，解决好因地区经济社会发展差距而形成的待遇水平差距过大问题。在个人层面，要逐步解决好因缴费水平差距较大而产生的待遇水平有失公平问题，尤其在医保领域，要解决好因筹资机制不合理而导致的逆向调节问题。为此，还要推进社会保障领域法制建设。具体来说，就是要尽快启动社会保险法修订工作。2011 年正式实施的社会保险法距今已经有 10 年时间，其中的很多条款和制度参数涉及的现实情况都已经发生了显著变化，加快修订社会保险法的修法工作，才使其能够真正规范和指导社会保障体系的合理发展和运行。还要针对实践发展的需要，针对养老保险、医疗保险、社保基金投资、养老服务、儿童福利、社会救助等重要领域，制定专门法律法规，纵深推进社会保障体系法制化进程。

四是进一步加强社会救助体系尤其是最低生活保障体系建设。社会救助体系是更加直接的转移支付制度安排，低保体系的覆盖范围取决于低保标准的设置。从目前情况看，在我国农村地区，国家脱贫攻坚战略取得全面胜利、绝对贫困人口全体实现脱贫，低保体系发挥了重要作用，如前所述，2020 年农村低保标准相当于当年农村居民家庭人均可支配收入中位数的 39.2%；同期，全国城市平均低保标准相当于当年城镇居民家庭人均可支配收入中位数的 20.1%。在促进全体人民共同富裕的新发展阶段，考虑到我国人均 GDP 水平已经接近高收入国家水平下限、农村已经消灭绝对贫困现象以及城乡之间发展的现实差距等实际情况，并借鉴国际经验以及国内相关研究结果，我们建议分别将城镇和农村的低保标准设定为城镇与农村家庭人均可支配收入的45%与50%。这样，从全国来看，在2020年的基础上，农村地区的低保标准要提高约10个百分点，城镇地区的低保标准要提高约25个百分点。当然，实现这一标准不可能一步到位。根据党的十九届五中全会提出的两步走现代化战略，可以考虑到2035年将城镇低保标准提高到30%左右，将农村低保标准提高到45%左右，并实现应保尽保；到2050年，再分别提高到45%和50%，并实现应保尽保。这当然是一种全国总平均水平，各省份可以根据自身实际将标准设定得低一些或高一些。同时还要注意做到精准识别和严格退出，避免形成低保依赖。

五是加大社会保障和面向城乡居民的转移支付投入力度，进一步夯实社会保障体系有效运行的物质基础。有研究表明，欧盟国家的社会保障支出占GDP的比重从2009年到2014年保持在28.3%至28.9%之间，政府投入占社会保障支出的比重保持在53%左右。在我国，按照可比口径计算，全国社会保障总支出占GDP的比重从2009年的6.8%提高到2011年的11.5%，政府投入占社会保障总支出的比重则从2009年的42.3%提高到2011年的46.6%，然后下降到2015年的37.9%。按照该项研究的口径推算，我国2020年社会保障总支出占当年GDP的比重仍不到14%；同年政府投入占社会保障支出的比重，粗略估计可能达不到2009年水平。增加政府对社会保障的投入，需要对国家财政支出结构进行重大调整，对此需要进行专门研究。

"十四五"时期加快平台品牌建设、全面提升公共服务质量的建议

陈承新[*]

新冠肺炎疫情持续发展和国际形势的深刻变化，对我国就业、民生等领域形成压力，人民群众对社会公平正义和共同富裕的关注更加敏感和强烈，社会情绪在阶段性平复的同时也蕴藏着燃点。加强和优化公共服务是促进社会公平正义和共同富裕的重要抓手。建议结合新发展格局提出的高质量公共服务新要求，在国内外搭建并优化高质量共享平台，推进公共产品供给的创新，做好惠及全民的公共服务、打造"中国服务"品牌，进一步提升人民群众的获得感、幸福感、安全感。

一 新发展格局提出高质量公共服务新要求

随着中国日益走进世界中央，随着国际形势的不稳定性、不确定性明显上升，"中国制造"受到西方敌对势力的全面阻击。习近平总书记提出以国内大循环为主的"双循环"新发展格局，既是实现新冠肺炎疫情常态化条件下经济健康发展的应对之举，也是解决这一问题的治本

---

* 陈承新，中国社会科学院政治学研究所副研究员。

之策。"中国制造"向"中国服务"升级势在必行。

"十四五"规划纲要中有 10 次提到"公共服务",并明确指出,"健全基本公共服务体系,完善共建共治共享的社会治理制度,扎实推动共同富裕,不断增强人民群众获得感、幸福感、安全感",这是新发展格局对公共服务提出的新要求。

我们提出,高质量的公共服务,是"普惠均等、智能精准、便捷高效",始终围绕人民需求,搭建共享平台,推进公共产品供给创新,让老百姓得到实惠,舒心、放心。普惠均等,是让人民群众普遍享受到国家发展的成果,这是打造"中国服务"品牌的基本原则。智能精准,是至少同一个地区的公共服务能够达到统一的标准规范,同时让城乡广大人民群众能够享受到基本相同的公共服务,达到国家基本公共服务标准化。便捷高效,是紧贴民意诉求,把社会管理和公共服务推上数字终端,推送到人民群众身边,能够用数据流解决的问题,决不再让群众多跑腿。

二　当前基本公共服务存在明显短板

当前,基于经济和社会的状况,我国基本公共服务整体还处于发展的初级阶段,其实际情况和水平,与国家发展目标、人民对美好生活的向往、"十四五"规划的要求,都存在较大差距,加之疫情公共危机之下,正常的社会交往受到限制,服务设施和服务能力的需求与缺口也随之暴露。主要存在以下三个方面问题。

(一)服务供给不足,覆盖面较窄

我国基本公共服务供给规模总量不足,其中教育、医疗和社会保障的财政性支出不断增加,但是占 GDP 的比例一直长期低于世界平均水平。质量不高、结构发展不平衡的矛盾仍然突出,基础设施、义务教育、公共卫生和社会保障等公共服务存在城乡、区域、群体等差异，不断扩大的覆盖面离惠及全民还有一定距离。在 2020 年实现贫困地区基本公共服务主要领域指标接近全国平均水平之后，公共医疗卫生服务、农村基础教育、城乡社会保障、公共文化服务等方面的可及性有待进一步提升。

（二）服务的智能化精准度参差不齐

一方面，由于我国城乡差异、地区差异较大，各地公共服务的提供规范、准入标准不一，也没有形成统一标准的合力。尤其革命老区、民族地区、边疆地区、贫困地区财力相对有限，基本公共服务水平较低，影响了人民群众共享改革发展成果。养老帮扶、健康管理、助学助残等不少具有显著需求的公共服务领域普遍存在服务对象分类笼统、服务提供方不明确、服务内容无法精准对接需求的问题；一些大型工程存在较大服务漏洞。城市大型交通枢纽站就常被诟病，公共交通运营时间没有考虑特殊时段乘客，导致部分乘客到达后，面临没有合适交通接驳的尴尬。

另一方面，服务的技术支撑有待加强。目前 30 多个省会及以上城市已大多完成了智慧城市建设的数字化和网络化任务，部分城市已向智能化、智慧化阶段迈进，但是总体从了解民生需求的角度考虑技术不足，服务软件更新不足，增进人文精神内涵的技术糅合不足，线下服务也未完全跟进线上。这些导致平台的服务项目无法完全精准对接民众需求，服务信息和服务资源的平台整合建设亟待推进。

（三）服务不够便捷，效率较低

一是服务提供的主体相对单一。政府和政府背景的组织为主，动员相关企业和专业性社会组织发挥作用远远不够。例如，疫情防控中，城乡社区等基层工作者成为落实基层疫情防控大量社会治理事务的主力，人力物力财力跟不上群众需求，工作方式、工作时效等相对落后，与传媒打交道的经验也不足，由此发酵演变成"垃圾车运菜""联合商家抬价牟利"等负面舆情，给经济社会发展和社会稳定造成伤害。二是全覆盖、全方位的各级行政服务体系，增加了一大批编外人员，在财政规模既定的约束下，行政成本增加，提升公共产品和公共服务便捷高效程度的支出则相应减少，从而导致企业和群众获得感和满意度下降。

基本公共服务不到位导致的危害是长期和巨大的。在新冠肺炎疫情肆虐全球的情况下，中国成为唯一实现经济增长的国家，有力展现了中国共产党的坚强领导和中国经济的韧性。但是，疫情期间暴露出的大量服务落后、服务缺位等问题，可能成为后期中国经济社会发展的一大潜在危险。

三　打造高质量公共服务的建议

（一）加强公共服务平台建设，打造"中国服务"品牌

针对上述问题，为了提供高质量公共服务，共享发展，关键是作出更有效、更长远的制度安排，公共服务平台品牌建设是一大思路。

考虑政府主导顶层统筹设计，可由商务部、市场监督管理总局牵头实施，相关部门参与，宣传等部门配合，用3—5年的时间在国内外搭建并优化高质量共享平台，以"中国服务"（China Service）为公共品牌，各级"××服务"为公共服务子品牌，构建中国特色、世界领先、高质量、高标准的公共服务标准和品牌形象。不仅使国内"消费者"从品牌辨识开始增强对中国公共服务质量的认知，而且使"中国服务"与"中国制造""中国建造""中国创造"等一起，成为全面展示新时代中国建设、中国道路、中国成就以及中国国家形象的重要标志，有助于增强外国人对于中国政府形象的理解和认可，进而提

升中国的海外影响力。

"中国服务"品牌化平台建设的政府主导，与倡导公共服务提供的多元化创新并不矛盾。各级政府需要站在公共产品需求趋势和社会发展的历史方位去思考品牌方向，从坚持以人民为中心的发展思想和整体公共利益的角度去思考品牌发展。这有利于约束只讲市场供求、利益需要的计算行为和计较心态，防止公共服务多元化创新变成"花钱买服务"的交易行为；也有利于以此品牌化、标识化的公共服务平台为基础，从普惠均等、智能精准、便捷高效三个方面，针对性打造高质量公共服务。

(二) 三方合力，提升公共服务的普惠均等水平

政府、企业、社会组织三方合力。一方面，建议从公共服务出发深化"放管服"改革，全面整合统一信息、资金等共享的服务平台，提升宏观政策效果，例如，创新机制落实减税降费政策，调整规制以破除新就业形态各类不合理限制，统筹推进应急防控与强国健民战略。

另一方面，鼓励企业和各类组织参与提供公共服务，尤其是相关民生保障；推广公共医疗、健身等"中国服务"标准与平台，辐射更多地区人群，扩大影响，提振形象；倡导在服务业尤其是金融服务业中广泛运用数字技术，提升金融服务实体经济的能力。

(三) 技术赋能，智推公共服务标准化建设

建议在推进国家基本公共服务普惠化过程中贯穿标准化建设，例如，全面提升体育、旅游、医疗卫生、社区、家政等各行业服务标准化、品牌化，建设全国统一品牌和标准，行业制定细化规则和标准，统一开展分级评估授牌、定期测评。

发挥我国5G等领域的技术优势，完善数字货币发行、使用、风险控制机制，在跨境贸易中使用数字人民币，为金融业欠发达、金融约束

较高的国家或者境外金融机构较少、开立银行账户不方便的国家，提供新型便捷安全的支付手段，有利于在扩大贸易规模的同时打出"中国服务"新名片，提升人民币的国际形象和影响力。注意扩大公共文化尤其是数字类、开放性线上服务投入与精准服务能力。

（四）"一站式"中心、多元供给和立体化集约化机制，共促服务便捷高效

浙江从"最多跑一次"到数字化改革，广东省推行"粤省事"，江苏实行"不见面审批"，是对便捷高效公共服务模式的创新性探索。建议围绕便民利民，全面推广为民办事智能速办、一站式公共服务中心，不断拓展服务渠道。鼓励多元主体参与公共服务供给，在政府主导之外倡导企业、社会组织等多种力量协同合作，创新服务方式，完善服务机制，提高服务品质。健全立体化、集约化服务机制，在满足人民群众多层次、多样化服务需求的基础上，实现对服务资源的全流程监督、最大化使用，为群众解忧；发挥服务信息化的"催化剂"作用，打造一网通办全程业务的"智慧高效服务"新模式，大力推广网络自助服务，让广大城乡群众随时随地都能享受到优质高效便捷的公共服务。

推动公共服务高质量发展的浙江实践

王　震*

高质量的公共服务既是满足人民群众需求结构变化、消费升级的要求，也是提升普遍性人力资本投资的主要措施。实现共同富裕，既要优化分配格局，"分好蛋糕"，又要促进经济高质量发展，"做大蛋糕"，而将二者有机联系起来的就是高质量的公共服务。

浙江是我国经济发展的排头兵，也是高质量发展的典范。自"十二五"时期，浙江即将基本公共服务均等化作为重大战略措施纳入发展规划，不断提高对公共服务的投入。近年来浙江基本公共服务均等化实现度不断提升，从 2010 年的 79.8% 上升到 2019 年的 98.7%，基本上实现了基本公共服务的均等化。在此基础上，浙江公共服务的发展也进入高质量发展阶段。

公共服务的高质量发展是满足共同富裕下人民群众需求的主要内容，是提高人民群众获得感、幸福感、安全感的主要措施。公共服务的高质量发展仍然面临诸多挑战，比如提高供给效率和治理、更加均衡等。从浙江建设共同富裕示范区的角度，浙江既需要总结之前公共服务供给的经验，也需要率先探索解决高质量发展中出现的各种新问题、新

＊　王震，中国社会科学院经济研究所研究员。

挑战，并为其他地区提供借鉴。

一　从高质量发展的角度理解公共服务

公共服务涉及政府干预。按照服务供给过程中政府干预的程度包括基本公共服务和普惠性的非基本公共服务；此外，一些由市场供给、居民付费享有的生活服务也是公共服务体系的有益补充。在不同的发展阶段，这三类服务的重点及优先序不同。在经济不甚发达的阶段，政府首先要保证有限的资源用于基本公共服务的供给，重点是实现基本公共服务的均等化；在经济发展到一定阶段，随着人民群众需求结构的变化和升级，普惠性的非基本公共服务以及与之相关的生活服务，特别是高品质的服务成为重点，公共服务进入高质量发展阶段。

从高质量发展的角度对公共服务的供给也需要有新的理念。传统上，公共服务特别是基本公共服务被认为是"非生产性部门""消耗性部门"，是"社会负担"。在经济不甚发达的阶段，特别是面临较为紧张的资源约束的情况下，这有一定的道理。但在经济发展进入新阶段后，公共服务不仅不是"社会负担"，而且是实现经济高质量发展的基础，是新的经济增长点。

首先，公共服务所包含的教育、医疗卫生、就业服务、社会保障、照料服务、文体服务等，是普遍性人力资本投资的主要途径。而人力资本的积累是一个地区、一个国家竞争力的核心，也是现代经济增长的核心。内生经济增长理论将人力资本投资作为现代经济增长的关键性变量，其含义也在于此。

其次，经济发展的最终目标是满足人民群众的需求。随着经济发展到一定阶段，居民消费结构转化和升级，对制造业产品的需求占比下降，而对人力资本投资型服务的需求占比上升。人力资本投资型的服务主要就是科教文卫等公共服务。从 OECD 国家消费结构、产业结构和就业结构的发展历程看，在国民收入进入高收入阶段后，科教文卫等公共服务业已成为居民家庭消费的主要支出，在经济产出中所占的比重也超过了制造业，成为主要的产出部门①以及主要的就业部门。从这个角度，公共服务的高质量发展同时也是新的现代经济的增长点。

从浙江的发展阶段看，基本公共服务的均等化已基本实现，在实现共同富裕的新起点上，公共服务也进入高质量发展的阶段。这不仅为浙江经济的转型升级提供基础，而且为浙江经济的长期健康发展提供了新的契机。

在公共服务的不同发展阶段，政府所发挥的功能也有所不同。对浙江而言，在公共服务高质量发展阶段，一是要继续夯实基本公共服务的供给总量，提高供给质量，进一步扩展基本公共服务均等化的范围，调整结构，将新业态就业人员、外来务工人员等纳入基本公共服务的覆盖范围。二是着重在普惠性非基本公共服务以及与之相关的生活服务上下功夫，将其作为推动高质量发展、建设共同富裕示范区的主要抓手。

同时，政府要转变发挥作用的方式，构建"共富型"的公共治理机制，在政府引导下发挥多个方面、多个主体的积极性，推动公共服务供给模式创新。

二　着力提高公共服务供给效率和质量

对于公共服务的供给，传统上不论是从政策决策、执行还是从研究的角度，主要的测度指标都是投入，特别是财政投入，并以此作为测度公共服务供给充足性和均衡性的主要指标。从高质量发展的角度，公共服务的供给不仅要看投入，而且更要看效率。如果没有有效率的服务产

---

① 2016 年法国、美国、日本、德国、英国、澳大利亚科教文卫 4 个行业的产出占比分别为 21.18%、20.97%、22.17%、17.63%、20.10%、19.30%；同年，这些国家的制造业产出占比分别为 10.17%、11.60%、21.05%、20.64%、8.93%、5.75%。数据来源：OECD. Stat.

出，那么投入越多带来的负面影响也越大。西方福利国家特别是部分欧洲福利国家，在公共服务的投入不可谓不多，但其"高福利"一直面临不可持续性的困境，甚至成为一些福利国家经济增长乏力、社会不稳定的根源。究其原因，大量资源进入公共部门后其使用效率是下降的，投入越多整个社会资源运行的总效率也越低。这也是公共服务长期以来被认为是"消耗性部门""社会负担"的原因之一。

但是，从经济发展的经验性规律看，公共服务在消费结构和产业结构中占比的提高也是一个不可避免的过程。因此，要实现公共服务高质量发展，关键是要提高公共服务的供给效率。

公共服务部门的效率较低，背后主要是两个原因：一是公共服务部门存在的"成本膨胀趋势"。由于公共服务难以进行技术替代，单位产出长期不变或增长缓慢。教育、医疗、照料等都具有这个特征。一位教师、医生或护理员在几十年前每天所教授的学生数、治疗的患者数以及护理的人员数与今天相比并无多大变化。但从事这个行业的人员的工资却与社会平均工资相挂钩。这就导致在产出不变的情况下，人员工资快速上涨。这也被称为公共服务行业的"鲍莫尔成本病"。

二是公共服务的供给传统上主要是公共部门提供，但公共部门的治理模式以科层制、行政化为特征，缺乏激励机制，从而导致效率低下。

要提升公共服务的供给效率也要从破解这两个难题入手：首先，通过引入"互联网+"等新技术，对公共服务的供给进行技术替代，克服服务供给的"成本病"，提高供给效率；其次，通过公共部门治理模式创新，破除行政化，构建激励相容的公共服务治理模式。

从浙江推动公共服务高质量发展、建设共同富裕示范区的角度，在公共服务的供给上，不仅能满足于公共服务投入的扩大，而且要着力提高公共服务的供给效率，这也是避免落入西方福利国家"福利陷阱"的主要应对之道。如果仅看投入或仅以公共服务的投入"论英雄"，而不注重供给效率，那就走了西方福利国家的"老路"，至少在探索实现中国化的共同富裕上是不完整的。

　　浙江在推进数字化改革、引入"互联网+"新技术提高公共服务供给效率以及公共治理模式创新方面都进行了一些探索，且已初步形成了公共服务高质量发展的"浙江特色"，特别是在引入"互联网+"方面，更是领全国之风。浙江将打造"数字浙江"纳入发展规划，率先部署实施数字化改革，将数字经济、信息化、"互联网+"融入各类公共服务的供给过程中，极大提高了公共服务的供给效率。以乌镇互联网医院为代表的"互联网+"医疗服务、杭州的"互联网+"医保支付等都已成为公共服务领域应用"互联网+"的典范。

三　走向"共富型"的公共治理

　　相比于完全市场化的产品及服务的供给，公共服务的供给过程有一个政府干预的问题，这也是传统上公共服务进行"公共管理"的理论基础。但要提高公共服务的供给效率和质量，则需要转向"公共治理"的理念。相比于管理，治理更强调多主体的参与及合作，强调激发多个主体的积极性。在以经济增长为主要目标的治理体系中，公共服务的供给强调低水平、广覆盖、标准化，强调对公共服务的物质投入。因此，公共管理的理念下形成的公共服务的供给体制带有重物质投入、科层制、行政化、单向度的特征。

　　但是，要实现共同富裕的目标，不仅要实现基本公共服务的均等化，而且要实现公共服务的高质量发展。高质量发展一是要求供给有效率，二是要求产出高质量。具体到公共服务的供给过程，效率和质量不仅依赖供给方，而且依赖服务接受者的参与和配合。此外，多数公共服务都涉及第三方支付，服务供给方和服务接受方都无一般市场下控制费用的硬约束，这些都对治理能力提出了要求。要提升公共服务的产出效率与质量，从公共管理走向公共治理是一个可选择的路径。

"共富型"公共治理首先要求政府职能的转变，行政部门要从事务性活动中解脱出来，从具体事务的管理转向以规则、秩序的监管为主，以引导社会预期为主。主要从事公共服务供给的公共部门（事业单位）要去行政化，构建有激励、有约束、面向人民群众的运行机制，特别是要提高内部精细化管理水平。针对不同类型、不同类别的公共服务，建立相应的绩效评价与考核机制，引入居民的服务评价，提高居民公共服务的获得感。

其次，鼓励和引导多主体参与公共服务供给，积极引入社会力量，大力培育直接面向居民提供服务的社会组织，并建立公共部门、社会力量、社会组织相互合作、相互支撑、相互衔接的公共服务供给新模式。

在经济发展到一定阶段后，公共服务是一个新的增长"蓝海"，也是社会资本看好的新的增长极。特别是在非基本公共服务以及与之相关的生活服务方面，已成为新的投资热点。此外，随着社会成熟度的提升，大量社会组织也涌现出来。从政府角度，要利用好这些力量，进行公共模式的创新，扩大公共服务的供给能力，提高供给效率和质量。

最后，激发基层社区在公共服务供给上的活力，强调共建共治共享，将公共服务作为居民参与和社会治理的抓手。几乎所有的公共服务供给最终还是需要在社区层面实现，社区是居民接受公共服务的"第一接触点"。社区不仅是直接提供公共服务的主体，还为公共服务的供给提供了平台，是多方供给主体的结合点。政府要从财税投入、平台建设、规则制定以及监管等方面激发社区活力。

浙江在公共服务的治理模式创新方面已有诸多探索和经验，包括"最多跑一次"、政府数字化转型、数字化改革等。在公共部门改革方面，公立医院的改革、社会保险公共服务改革、医疗保障的支付制度改革等都已经有了成功的经验。在引入社会力量方面，商业保险与社会保险合作的"普惠保"，浙江11个市已全部实施，覆盖3000多万参保人。这些都为浙江探索共同富裕下公共治理新模式奠定了基础。

四　公共服务高质量发展的重点探索领域

推动公共服务高质量发展，提高公共服务供给效率和治理，一是要积极引入"互联网+"等新技术，二是治理模式的创新，构建"共富型"的公共治理。根据浙江建设共同富裕示范区的要求以及当前浙江公共服务发展的阶段性特征，如下方面的领域可以作为推动该公共服务高质量发展的切入点。

（一）着力提高教育、医疗优质资源的供给能力和均衡布局

在新的发展阶段，对教育和医疗服务的需求不仅是"学有所教""病有所医"，更多的是"学有优教""病有良医"。从浙江的情况看，在教育上，一是要提高义务教育均衡发展，通过全面提升义务教育阶段质量，打破"择校风"；二是要均衡职业教育和普通高中教育，在普职融通上探索一条新路；三是在高等教育实现大众化的情况下，着力提升高等教育质量，建设一流大学。

在医疗服务上，一是要重视全科医学建设，提升社区医疗卫生服务水平，建立全科—专科良好的合作机制；二是实施优质医疗资源均衡计划，按照习近平总书记要求，做到"大病不出省、一般病在市县解决、日常疾病在基层解决"；三是深入推进公立医院改革，激发活力、提高效率。

（二）探索灵活就业、新就业形态就业人员以及流动人口的公共服务新模式

我国社会保障制度的主体是城镇职工的社会保险制度，这一制度的前提是对有明确劳动关系的职工的保障。但近年来随着"互联网+"、数字经济及平台经济的发展，就业形态发生了很大变化，没有明确劳动

关系的新就业形态成为灵活就业的新趋势。现有社会保险制度难以对这些就业人员形成良好的保障。浙江在民营经济、"互联网+"等新业态方面具有发展优势，新业态就业人员规模庞大，在"互联网+"持续发展的情况下，预计这个群体还会增大。为他们提供相应的社会保险是浙江未来几年公共服务制度建设的一个重点。

此外，我国公共服务的供给传统上是按户籍进行配置的。虽然中央一再要求按照常住人口进行公共服务的配置和供给，但囿于传统的财税体制、行政管理体制，并未落到实处。浙江一直是外来人口大省，2020年外来人口达到1388万人。财政部也提出了在浙江共同富裕示范区探索"钱随人走"的机制。浙江在这方面既有需求，也有前期将外来人口纳入本地公共服务保障体系的经验，可在这方面进行更多探索。

（三）基层社区公共服务供给的新机制、新模式

我国正处在一个快速城镇化的时期，人口的大规模流动已成为常态化。原有的社区不断分化、重组、整合，新的社区特别是新型的城镇社区不断出现。作为公共服务面向居民的"第一接触点"，社区结构的不断变化也为公共服务的供给带来新的挑战。浙江在社区建设上已经具有了一定的基础，正大力推进现代社区建设，可在基层社区公共服务的资金来源、组织支持、平台建设方面探索新机制、新模式。

（四）在"互联网+"公共服务上进一步破除体制和政策障碍，使之成为提升公共服务供给效率和质量的基础

浙江在"互联网+"公共服务方面走在全国前列，但仍有一些体制性、政策性障碍。比如"互联网+"医疗服务以及医保支付，仍然面临医保支付政策区域分割等方面的限制，也面临监管上的挑战。在这些方面，浙江可以加大探索。

（五）推动社会保险的省级统筹及地级市的垂直管理

根据中央的要求，社会保险中的养老保险要实现全国统筹，医疗保险、生育保险、工伤保险、失业保险要探索省级统筹。浙江各个地区之间经济和社会发展的差异相对而言要小一些，具有率先探索的条件。在推动基金省级统筹的过程中，为解决统筹之后的基金管理问题，可探索地市级以下社会保险经办管理服务的垂直管理。

（六）在供给主体多元化、供给模式多样化上进行探索

公共治理强调多主体参与，但多主体参与首先要求有多个供给主体。多个供给主体既需要经济发展过程中各类社会力量的扩大，也需要进行培育。浙江在这方面是具有优势的，在转向"共富型"公共治理的过程中，浙江可在现有优势基础上，一是支持、鼓励和培育多个供给主体，二是在对多个供给主体的治理模式上进行创新。

以社会保障体系高质量发展
推进共同富裕示范区建设

汪德华*

按照中央安排，浙江省承担了高质量发展建设共同富裕示范区的战略任务。按照习近平总书记的要求，社会保障体系高质量发展是推进共同富裕的重要内容。① 为更好扎实推进共同富裕示范区建设，浙江省应当充分认识社会保障体系高质量发展的重要意义，前瞻性地分析本省的实际问题，创造性地提出解决难题的思路，为全国的社会保障体系高质量发展做出示范。

一 充分认识完善社会保障体系在推进高质量发展
建设共同富裕示范区进程中的重要意义

一是完善社会保障体系是当前我国扎实推动共同富裕的重要抓手。我国社会主要矛盾已经转变为人民日益增长的美好生活需要和不平衡不充分的发展之间的矛盾。在全面实现小康社会之后，在解决吃、穿、

---

* 汪德华，中国社会科学院财经战略研究院研究员。
① 习近平：《扎实推动共同富裕》，《求是》2021 年第 20 期。

用、住、行等基本需要后，人民日益增长的美好生活需要主要体现在教育、医疗、养老、住房、社会保障等公共服务方面，而不平衡、不充分也主要体现在这些方面。多数社会保障项目，具有很强的收入支持功能，在提升人力资本水平、降低收入差距、阻断代际贫困传递方面具有良好效果。正是基于这一考虑，习近平总书记明确要求，将以社会保障体系为主体的基本公共服务均等化，作为到 2035 年国家层面共同富裕取得更为明显的实质性进展的标志性指标。[①] 浙江省作为先行示范区，已明确 2025 年实现省域内基本公共服务均等化的目标。《浙江高质量发展建设共同富裕示范区实施方案（2021—2025 年）》已提出，推进社保制度精准化结构性改革，实现法定人员社保全覆盖、基本养老触手可及、优质养老全面推进、老有所乐老有所为的发展目标。

二是完善社会保障体系也是实现高质量发展的重要推手。习近平总书记指出，高质量发展需要高素质劳动者，只有促进共同富裕，提高城乡居民收入，提升人力资本，才能提高全要素生产率，夯实高质量发展的动力基础。[②] 韩文秀提出，共同富裕是中国特色社会主义的本质要求，也是解决有效需求不足、畅通经济循环的重要途径。[③] 而国际经验以及中国实践表明，完善社会保障体系，是通过基本公共服务体系建设提升人力资本，实现发展成果公平共享进而促进消费均等化的重要制度支撑。这充分说明：完善的社会保障、良好的公共服务，是主要的人力资本投资途径，也是新的经济增长点。这反过来又为高质量发展提供了持续创新的动力和源泉。

三是高质量发展建设共同富裕示范区需要社会保障体系高质量发展。习近平总书记指出，让发展成果更多更公平惠及全体人民，不断促

---

① 习近平：《扎实推动共同富裕》，《求是》2021 年第 20 期。
② 习近平：《扎实推动共同富裕》，《求是》2021 年第 20 期。
③ 韩文秀：《以高质量发展优异成绩迎接党的二十大胜利召开》，《瞭望》2022 年第 1 期。

进人的全面发展，朝着实现全体人民共同富裕不断迈进。① 这个要求，实质上指出了在保持中高速经济增长之外，实现共同富裕的两个关键要素：一是如何促进人的全面发展；二是实行何种收入分配制度实现发展成果更公平惠及全体人员。社会保障体系的建设和完善在这两方面都承担了重要功能。但需要注意，社会保障体系应当注重高质量发展，在政策设计上需要注意避免民粹主义的绑架，注意政策细节中的激励与效率。如高培勇所分析的，推进共同富裕需要正确处理效率和公平之间的关系；而在社会保障体系建设和完善上，效率与公平的矛盾将会更加凸显。特别是，我国尚属于发展中国家，社会保障体系的发展要注重"统筹需要和可能"，要抓住当前突出问题，将增加投入与完善体制机制相结合。②

二 浙江省社会保障体系发展现状与存在的问题

浙江省作为我国经济发达地区，社会保障体系的建设和发展在全国已处于领先地位。如果从更宽广的视角，为全国推进共同富裕建设提供更多借鉴意义的角度看，需要重点关注以下问题。

一是城乡分割、区域分割和人群分割导致的社会福利体系的"碎片化"。我国社会福利体系的一个制度特征是区域分割、城乡分割、人群分割导致的"碎片化"，公共服务和社会保障的筹资、政策、管理都是属地化的。虽然中央一再要求给定在公共服务提供和社会保障方面要以常住人口为依据进行规划，但由于我国财税体制和行政管理体制上的地区分割，各级地方政府在规划本地公共服务和社会保障时基本上是按本地户籍人口进行设置的。这种状况与我国大规模人口流

---

① 习近平：《扎实推动共同富裕》，《求是》2021年第20期。
② 高培勇：《为什么说促进共同富裕要正确处理效率和公平的关系？》，《光明日报》2021年10月6日第2版。

动的国情极其不适应，且存在严重的区域差异。特别是其中的 2.8 亿农民工，在子女入托入学、就医、参加社保、住房保障、养老等方面都面临突出问题。可以说，我国公共服务和社会保障均等化的最大短板之一就在流动人口。浙江省作为发达省份，已经在吸纳新市民、为流动人口提供基本公共服务方面迈出了坚实步伐，但离同等对待的要求依然存在差距。

二是部分项目可持续性值得高度关注。突出表现在企业职工养老保险。作为一个人口净流入省份，按可得数据计算的 2018 年企业职工养老保险体系内抚养比（领取待遇的离退休人员占缴费职工的比重）为 38.5%，高于全国平均水平；而同为经济发达省份的江苏省为 35%，广东省甚至低于 20%。

三是标准合理提升与财力承担能力间的冲突。当前我国各类公共服务和社会保障领域可以说基本上实现了制度上的全覆盖。但由于建设过程中采取了逐步推进、地方统筹的战略，因此人群间的差异始终是个无法回避的重要问题。这种差异体现在城乡之间、地区之间、正规部门与非正规部门就业人员之间等。浙江省并不例外。逐步解决这些差异是推进基本公共服务和社会保障均等化的主要问题，为此需要逐步实现标准的合理接近。考虑到现实国情，这种标准接近只能"就高不就低"。与之同时，人口的流动趋势也是"人往高处走"，人口流动一般是从福利标准低的地区向标准高的地区流动。随着经济发展，人们对社会福利的需求标准也将逐步提升。但实现这一切，都需要以充足的财政能力为基础。浙江省与全国情况一致，市县政府是各类基本公共服务和社会保障项目的最大出资方和管理者。在已推进的事权划分改革中，大量基本公共服务项目被划分为共同事权，市县政府是相关支出责任的主要承担方，上级政府一般以补贴方式给予一定的支持。但在我国的财力划分格局中，市县政府恰恰处于财力相对薄弱的地位；不同市县间的财力差异还非常大，由此导致社会福利项目的全民共享存在困难。来自中央以及上级政府的补贴只能部分缓解这一问题。

四是社会保障类支出的内部结构还有待优化。虽然浙江省的各类社会保障类财政支出已经达到一定水平，但其内部结构及具体项目的机制设计依然需要优化。其一表现在人力资本投资性福利项目投入不足。从发达国家以及巴西等发展中国家的经验来看，近年来高度重视人力资本投资型福利项目的发展，也取得了积极的效果。与之对比，我国有待补充的项目和环节还有很多。如贫困家庭儿童营养健康应当从怀孕期间开始直至儿童发育期；如流动人口子女缺乏特别的关怀计划；一些成本较低、着眼于提前打断贫困链条的人力资本投资型福利项目明显不足，应当成为未来发展的一个重点。其二是部分社会福利领域的财政投入绩效值得关注。如医疗行为扭曲趋势没有得到根本扭转；就业支持类支出，特别是各类培训类支出的实际效果有待提高；养老服务领域的财政投入按行政分配色彩浓重，与老百姓的实际需求有差距。

三　若干建议

《浙江高质量发展建设共同富裕示范区实施方案（2021—2025年）》已明确了推进社保制度精准化结构性改革的重点任务。包括：制定完善适应新型就业形态的参保缴费政策，促进灵活就业人员、新业态从业人员参加社会保险。健全多层次、多支柱、可持续的养老保险体系，开展专属商业养老保险试点，促进养老保险基金长期平衡。规范执行全国统一的社保费率标准。改革完善城乡居民基本养老保险制度，实行鼓励多缴费、长缴费的激励机制，探索提档补缴政策，大幅度增加对低收入群体缴费补助，持续提高城乡居民基本养老金水平。推动基本医疗保险、失业保险、工伤保险的省级统筹，健全大病、慢性病医疗保险制度，积极发展商业健康保险，实现低收入群体政策性医疗补充保险全覆盖，探索建立困难人员大病医疗家庭支付封顶制，健全防止因病致贫、因病返贫的长效机制。在实际操作中，一是要注意以创新思路落实相关要求；二是要适应高质量发展需要，探索并拓展社会保障体系建设和完善的新空间。

1. 将非户籍常住人口基本公共服务均等化全面纳入统计和评估体系中，在可承担基础上逐步缩小居民和职工养老、医保待遇差距。当前各类公共服务和社会保障统计数据和政策目标体系中，一些采用户籍人口概念，一些采用常住人口概念，且难以区分。这种状况不利于抓住主要矛盾；非户籍人口的基本公共服务均等化也是我国推进共同富裕的痛点。应支持浙江共同富裕示范区在这方面进一步深化探索，提出可复制推广的解决方案。为此，可推动全面梳理现有统计制度和政策目标体系，明确以常住人口为提供各类公共服务和社会保障的基本对象，实事求是地提出政策目标，尊重群众意愿，推进公共服务和社会保障均等化。对于由此增加的土地建设指标、资金投入，应当在算清账的基础上，争取国家支持。从国际比较看，我国居民养老、医疗保险的待遇，与职工养老、医疗保险还差距较大，可在财力可承担的基础上，以财政补贴、居民缴费协同发力的方式，逐步提高居民类保险的待遇。

2. 探索新业态人员、灵活就业人员参加各类社会保险新思路。当前，依托平台经济的新业态从业人员如何参加社会保险是焦点问题。相关测算表明，以最低基数参加职工养老保险者，均需要政府额外提供补贴才能维持全生命周期的收支平衡。让新业态从业人员参加职工养老、医疗保险也将给平台增加很重负担，打破市场均衡。我们建议，新业态人员参加社会保险应注重参保人意愿、企业承受能力以及项目可持续之间的平衡。可考虑以平台公司提供一定补贴的方式，让"外卖骑手"等新业态从业人员参加商业保险公司承办的工伤保险，在居民类养老保险待遇逐步提升之后，可逐步压缩灵活就业人员参保数量，引导其参加居民养老保险。

3. 将各项政策调整建立在精算基础上，建立社保基金可持续运行机制。多数社会保障项目均具有跨期特征，政策调整不仅影响当期，还影响项目未来的可持续性。在老龄化逐步深化的背景下，更是如此。考虑到社会保障支出的刚性色彩较强，应加强政策调整前的精算分析，既要分析其在推动共同富裕方面的效果，又要考虑到其对项目可持续性的影响。如职工养老保险、失业保险、工伤保险的待遇调整机制，参保对象的确定等，均需加强精算分析。

从长期发展趋势看，逐步提升部分社会保障项目的统筹层级不可避免，特别是一些社会保险类项目，是推进基本公共服务均等化、减少市县政府社会福利体系支出责任的必然途径。浙江省已按中央部署落实企业职工基本养老保险全国统筹任务，基本医疗保险也有可能走向省级统筹的改革方向。但需要注意，提升统筹层级并非简单的支出责任上划，还需要解决复杂的历史遗留和机制设计问题。精算分析是理清各方历史责任、夯实各地主体责任的重要手段。以大数据分析、精算分析为基础，可推动支出最终责任上划，科学合理地确定各地主体责任，如依法规范基金征缴，实现应征尽征，承担相应历史责任等。

4. 注重绩效评价，探索发展促进人力资本投资型社会保障项目。借鉴国际经验，加快发展人力资本投资型的社会福利项目，并且向弱势群体倾斜，提高他们的教育水平、健康状况和就业能力，以促进社会公平。如贫困家庭儿童营养项目，干预的阶段应逐步突破目前仅限于上学期间午餐营养的状况，向幼儿阶段、孕妇阶段拓展。区分不同的家庭状况，开发若干类成本较低、安全有效的营养补充手段。对于已有的促进就业类社会保障支出，对已有项目加大绩效评价力度，以实际效果决定取舍；吸收国际经验创新就业技能培训类资金投入方式，提高支出效率。

5. 以失能、失智人员的长期照护为主，调整养老服务投入结构。争取中央部委支持，扩大长期护理保险试点，通过长期护理保险引导各类资源进入长期照护服务领域。构建长期照护居家、社区服务的公共支持政策，建立长期照护家庭支持政策。调整对机构养老服务的补贴，更多将公共补贴用于居家和社区服务，提高补贴资金使用效率。

6. 突破部门藩篱，以数字化为手段，以居民为中心，提升社会保障服务质量。确定居民单一码，开发单一界面，整合人社、健康、民政、医保等部门信息，让个人能够"一屏掌控"全生命周期所有社会保障类权益。不同部门开发相应的内部管理系统，并预留与其他部门的信息交换通道。

下篇
专论

第三部分

经济建设

积极应对需求收缩有效促进居民消费

陈光金[*]

众所周知，国民经济的正常发展是促进全体人民共同富裕的基础。2021年12月8日，中央经济工作会议召开，会议做出了"我国经济发展面临需求收缩、供给冲击、预期转弱三重压力"的重大判断。需求尤其是消费需求，是国民经济增长的重要支柱，因而消费问题备受关注。官方统计数据显示，在2016—2020年的五年中（"十三五"时期），我国最终消费支出对经济增长的贡献率分别为64.6%、58.8%、76.2%、57.8%和-22.0%。2020年新冠肺炎疫情冲击特别严重，全国消费出现负增长，导致当年最终消费支出对经济增长的贡献率为负。可以说，如果没有类似新冠肺炎疫情这样的新型风险冲击情形，我国最终消费支出对经济增长的贡献率在现阶段应该可以稳定在60%以上的水平。2021年疫情冲击减弱，防控工作进入常态化，消费大幅度增长，最终消费支出对经济增长的贡献率达到65.4%，可以说恢复到正常水平，并且显著高于疫情暴发之前的2019年的贡献水平。

中央经济工作会议做出我国经济发展面临需求收缩压力的判断，

---

* 陈光金，中国社会科学院社会学研究所所长，研究员。

是非常准确的。2021 年最终消费支出对经济增长的贡献率超过 2019 年的贡献率，一个重要原因是 2020 年消费负增长，在这个意义上，2021 年的消费增长具有恢复性增长性质，以至增速格外显著。官方统计数据显示，2019 年，全年社会消费品零售总额 411649 亿元，比上年增长 8.0%；2020 年，全年社会消费品零售总额 391981 亿元，比上年下降 3.9%；2021 年，全年社会消费品零售总额 440823 亿元，比上年增长 12.5%；但 2020 年与 2021 年两年平均仅增长 3.9%，远低于 2019 年的 8.0%。再从居民消费来看，形势大体相同。2019 年，全国居民全年人均消费支出 21559 元，比上年实际增长 5.5%。2020 年，全国居民全年人均消费支出 21210 元，比上年实际下降 4.0%。2021 年，全国居民全年人均消费支出 24100 元，比上年实际增长 12.6%。2020 年与 2021 年两年平均增长 4.0%，同样低于 2019 年的增长水平。可以想象，2022 年全社会消费品零售总额的增长率要达到 2021 年的水平，将会是非常困难的，并且由于新冠肺炎疫情形势不明朗，全球疫情仍然在肆虐，对中国的影响不可轻视，因此，要达到或者超过 2019 年的增速，难度不小。总而言之，2022 年国内消费需求收缩的压力不言而喻。

消费需求收缩压力具有结构性特征。首先分析全社会消费品零售总额增长的结构性特征（参见表 1）。按经营地统计的结果显示，2019 年，乡村消费品零售额增速快于城镇消费品零售额增幅，2020 年乡村消费品零售额降幅低于城镇消费品零售额降幅，2021 年乡村消费品零售额增幅略低于城镇消费品零售额增幅，而结合 2020 年的情况，2021 年乡村消费品零售额增幅低于城镇消费品零售额增幅的水平将会更高，也就是说，2021 年乡村消费品零售形势比起 2019 年和 2020 年的形势都要差一些。

表1   全社会消费品零售总额与增长

统计口径		零售额（亿元）			比上年增长（%）		
		2019 年	2020 年	2021 年	2019 年	2020 年	2021 年
按经营地统计	城镇	351317	339119	381558	7.9	-4.0	12.5
	乡村	60332	52862	59265	9.0	-3.2	12.1
按消费类型统计	商品零售	364928	352453	393928	7.9	-2.3	11.8
	餐饮收入	46721	39527	46895	9.4	-16.6	18.6

资料来源：国家统计局，下同。

其次让我们观察一下我国居民生活消费支出形势（参见表2）。2021 年全国居民全年人均消费支出总体形势显著呈现恢复性增长态势，相比 2020 年可谓超常增长。2022 年预计将回归常规增长态势。分城乡看，有三个趋势。一是三年始终维持农村居民全年人均消费支出增长快于城镇居民全年人均消费支出增长，二是 2020 年城镇居民消费支出下降幅度大于农村居民全年人均消费支出下降幅度，三是 2021 年城镇居民全年人均消费支出恢复性增长强度弱于农村居民全年人均消费恢复性增长强度。综合起来，农村居民人均消费支出增长更快，而城镇居民人均消费支出增长韧性相对较弱，更容易受到新冠肺炎疫情之类新型风险的冲击，这也与城镇居民消费水平本身远高于农村居民消费水平相关。预计这些趋势在 2022 年将会继续存在。

表2   城乡居民生活消费支出分析

统计口径	支出额（元）			比上年实际增长（%）		
	2019 年	2020 年	2021 年	2019 年	2020 年	2021 年
全国居民人均消费支出	21559	21210	24100	5.5	-4.0	12.6
城镇居民人均消费支出	28063	27007	30307	4.6	-3.8	11.1
农村居民人均消费支出	13328	13713	15916	6.5	-0.1	15.3

再次让我们观察一下居民消费结构及其变化（参见表3）。从表3看，也有几个趋势值得注意。一是从构成看，整个结构基本稳定，变化主要发生在食品烟酒支出、教育文化娱乐支出方面，2020年食品烟酒支出比重比2019年上升了1.8个百分点，2021年比2020年回落0.4个百分点，比2019年上升1.4个百分点。可以预计，2022年以后食品烟酒支出比重还可能有所回落，中国居民生活消费的恩格尔系数随着城乡居民收入水平和生活水平的继续提高必然下降，但继续下降的空间不大，从国际经验来看，发达国家或富足国家的恩格尔系数一般在20%—30%。教育文化娱乐支出比重的总体趋势是下降的，虽然2020年比2019年下降2.1个百分点，2021年比2020年回升1.2个百分点，但并未恢复到2019年的水平。随着国家"双减政策"的严格落实，教育支出比重下降成为必然趋势，这方面消费支出增长的重点在于文化娱乐支出（如旅游支出）的增长，但新冠肺炎疫情的影响不结束，这方面支出的较快增长就比较困难。

表3　　　全国居民人均消费支出、构成与名义增长　　　单位：元、%

消费支出项目	2019年			2020年			2021年		
	支出	构成	增长	支出	构成	增长	支出	构成	增长
食品烟酒	6084	28.4	8.0	6097	30.2	0.2	7178	29.8	12.2
衣着	1338	6.2	3.8	1238	5.8	−7.5	1419	5.9	14.6
居住	5055	23.4	8.8	5215	24.6	3.2	5641	23.4	8.2
生活用品及服务	1281	5.9	4.7	1260	5.9	−1.6	1423	5.9	13.0
交通通信	2862	13.3	7.0	2762	13.0	−3.5	3156	13.1	14.3
教育文化娱乐	2513	11.7	12.9	2032	9.6	−19.1	2599	10.8	27.9
医疗保健	1902	8.8	12.9	1843	8.7	−3.1	2115	8.8	14.8
其他用品及服务	524	2.4	9.9	462	2.2	−11.8	569	2.4	23.2

从增长情况看，2019年增长最快的是教育文化娱乐支出和医疗保健支出，其次是食品烟酒支出和居住支出，但这种支出在某些方面可能意味着城乡居民的教育和医疗负担的加重。2021年的恢复性增长突出地表现在教育文化娱乐支出增长上，其次是医疗保健支出、衣着支出、交通通信支出等。在教育文化娱乐支出方面，考虑到国家实施教育"双减政策"，文化娱乐支出增长可能发挥了主要作用。在居民医疗保健支出方面，随着国家社会保障体系的不断完善和发展，2021年快速增长的趋势不大可能持续，相反可能出现回落趋势。

毫无疑问，中国人口规模巨大，全面建设促进全体人民共同富裕的中国特色社会主义现代化国家新征程已经启动，消费市场依然潜力巨大，并将在全球经济舞台上表现得更为活跃，对经济发展的贡献还会增大。但要使消费增长的潜力变成消费增长的现实，还需要采取更多措施，在确保新冠肺炎疫情防控有效的基础上，积极应对消费需求收缩的可能趋势，有效促进居民消费。一是要继续推动城乡居民收入增长，重点是要继续实施就业优先和推进高质量就业战略，稳定就业增长态势，确保收入增长的就业基础。2021年，全国居民家庭人均可支配收入比上年实际增长8.1%，人均消费支出实际增长12.6%，表明收入增长1个百分点，消费支出可以增长1.56个百分点。已有研究表明，中低收入群体收入增长的消费增长弹性更大，加快中低收入群体增长、不断扩大中等收入群体规模，是扩大消费的必由之路。二是进一步激活农村消费需求，维持农村消费支出增长较快态势；稳定城镇居民消费支出增长水平，增强城镇居民消费支出增长韧性。三是在做好疫情防控的前提下更好地发展餐饮行业，这也是2021年恢复增长最快的行业。四是加快推进新型消费的形成，尤其是要加快推进文化娱乐和保健事业和产业的发展，进一步提高城乡居民生活质量水平，使得文化娱乐保健等领域成为消费需求增强、消费支出增长的重点领域。

共同富裕视角下的普惠金融发展

张晓晶　李广子　张　珩*

习近平总书记在中央财经委员会第十次会议上强调，要在高质量发展中促进共同富裕。新形势下，大力发展普惠金融，解决好不同群体在金融服务方面的不平衡不充分问题，是实现共同富裕的必然要求。

普惠金融需要实现多重目标：一是"普"，即金融体系要尽可能地将那些具有金融需求的弱势群体涵盖进来；二是"惠"，即消费者能以可负担的成本获得金融服务；三是"商业可持续"，指金融机构在提供普惠金融服务时需要满足商业可持续。发展普惠金融应在"普""惠"及"商业可持续"之间求得平衡；同时，目标的多重性决定了发展普惠金融需要更好发挥政府作用，并充分利用金融科技手段。

党的十八大以来，我国普惠金融发展取得了实质性成绩。从"普"的角度看，我国普惠群体在金融服务可得性方面取得明显进展。特别是，数字普惠金融近年来快速发展。从"惠"的角度看，我国普惠群体获取金融服务的成本有所降低但仍有下降空间，其中个人消费者面临

---

* 张晓晶，中国社会科学院金融研究所所长，研究员；李广子，中国社会科学院金融研究所研究员；张珩，中国社会科学院金融研究所助理研究员。

的高融资成本问题仍较为突出。从"商业可持续"角度看，现阶段金融机构经营绩效总体呈下滑势头，其中中小金融机构绩效下滑尤为明显。从国际比较看，我国普惠金融发展水平在新兴市场国家中处于领先水平。

一 现阶段我国普惠金融发展中存在的主要问题

现阶段我国普惠金融发展中存在的主要问题包括以下四个方面。

（一）普惠金融供给存在短板

一是财政与金融的协同不够。政策交叉与政策空白情况经常发生，财政与金融之间的分工边界不够清晰，财政与金融共担的风险补偿和防范机制尚未真正建立，财政和金融在一些领域还存在"缺位"。二是政策性金融的普惠功能没有充分发挥。政策性保险体系和担保体系尚有欠缺；政策性金融的精准性不够，与农村基础设施、公共服务、特色产业、专项扶贫、就业就学等方面的金融需求还不完全匹配；政策性金融机构的补偿机制仍待完善。

（二）金融科技的作用需要加强和规范

一是中小金融机构对金融科技的利用不足，对金融科技的应用主要依托于大型金融机构、外部科技公司、省联社等外部力量。二是金融机构对数据的开发和使用不够。基础数据和人才储备较为匮乏，无法充分挖掘数据价值。三是金融机构与科技公司合作有待规范。主要表现在：金融机构与外部科技公司的职责边界有待厘清；与外部科技公司的合作一些情况下反而抬高了金融服务成本；金融机构获得的收益与其承担的风险不匹配；在风险控制方面过于依赖外部科技公司产生风险隐患；对少数科技巨头的依赖易引发系统性风险等。四是金融科技的应用产生新的风险，包括诱导过度消费和过度负债、金融科技本身存在缺陷等。

（三）中小金融机构面临较大经营压力

一是中小金融机构定位不清晰。部分中小银行被赋予了较多的政策性功能，对其正常经营形成干扰。二是大银行业务下沉对中小金融机构形成挤压，增加了中小金融机构经营压力。三是网点成本偏高。部分乡镇网点业务量很少，但维持运营却需要支付很高的成本。由于监管部门对撤并网点又有严格限制，中小金融机构无法根据需求对网点进行撤并。四是中小金融机构治理效率亟待提升。中小金融机构内部治理效率普遍较低；特别是，省联社体制与现代公司治理存在冲突，包括架空农金机构股东大会、过度干预农金机构人事权、"重管理、轻服务"等。

（四）普惠金融的政策支持有待优化

一是政府数据开放和共享不够。政府对数据的管理能力较弱，数据开放和共享缺乏制度指引，各部门之间存在很强的数据壁垒。二是信用体系建设与风险分担机制有待加强。部分平台的信用评级信息尚未接入人民银行征信系统，信息孤岛、多头借贷、过度借贷等现象时有发生；普惠群体的信用担保机制还不健全。三是农地抵押贷款制度亟待完善。农地价值评估价值缺乏公信力，没有充分发挥农地作为抵押物的作用；农地流转和交易市场不健全，农地经营权无法在市场中正常流转；涉及农地抵押方面的法律法规欠缺，《农村土地承包法》《物权法》《担保法》《乡村振兴促进法》等未对农地抵押效力做出明确规定。四是普惠群体的金融素养有待提升，不能理性选择金融产品和服务，财务规划意识较为缺乏。五是消费者权益保护机制不健全，现有《中华人民共和国消费者权益保护法》不完全适用金融消费者。

二 未来我国普惠金融发展的主要着力点

鉴于现阶段我国在金融服务可得性方面已经取得较大进展，未来一段时期我国普惠金融发展应当在进一步扩大金融服务覆盖范围的同时，重点着眼于降低金融服务成本和提高普惠金融业务的商业可持续。

（一）着力优化普惠金融供给

一是加强财政与金融手段的协同，根据普惠金融需求的性质确定金融供给方式。二是进一步发挥政策性金融的作用，完善政策性保险体系和担保体系，优化政策性金融资金投向，加强商业性金融与政策性金融的协同。三是更好地发挥非银行金融机构的作用，包括融资租赁公司、保险公司、期货公司等。四是引导各类慈善基金投入普惠金融领域，尽快制定慈善基金支持普惠金融指导意见，拓展资金来源。

（二）更好发挥金融科技的作用

一是加强金融科技手段的应用。引导金融机构利用科技手段对普惠金融产品和服务模式、业务流程等进行改造；依托金融科技手段打造普惠金融生态，鼓励和规范不同类型机构之间的合作。二是规范金融机构与外部科技公司的合作。坚持金融业务须持牌的原则，加强对持牌机构与非持牌机构的监管。三是发挥数字货币的助推作用。引导普惠群体开立数字人民币账户，缩小与其他群体在金融基础设施方面的差距；将数字人民币融入到更多普惠金融业务场景，降低金融服务的交易成本和时间成本；发挥数字人民币可追踪、可溯源的优势，确保普惠金融领域资金投放能够有效抵达普惠群体。

（三）提升中小金融机构普惠金融服务能力

一是提升中小金融机构治理水平。对《商业银行公司治理指引》进行修订，提高政策的针对性和有效性；提高对其他非银行金融机构公司治理的要求，将《商业银行公司治理指引》拓展到消费金融公司、金融租赁公司、小额贷款公司等机构。二是加快推进省联社改革。把省联社改革作为新一轮农村金融改革的突破口。由国家层面牵头制定省联社改革总体方案，因地制宜选择符合地方特色的改革模式；淡化省联社行政管理职能，避免在人事任免、薪酬制定等方面对农金机构的干预；完善省联社内部治理机制。三是引导大银行与中小银行实现错位竞争。明确中小银行支农支小、立足普惠的发展定位，引导大行与农村中小金融机构实施错位竞争，对大行开展普惠金融业务设立差异化的考核标准。四是优化中小金融机构网点布局。允许中小金融机构根据需要撤并乡镇网点，引导中小金融机构对物理网点实施智能化改造。

（四）加强普惠金融领域政策支持

一是加强信用体系建设。有序开放税务、工商、社保、交通、生活缴费、住房等政府数据资源，扩大征信系统客户和数据覆盖范围，加强不同机构之间的数据共享，大力开展信用镇（村、户）创建活动。二是完善农地经营权抵押贷款相关配套措施。制定农地经营权价值评估办法，加快发展农地经营权流转市场，由地方财政出资建立农地抵押贷款风险缓释机制。三是提高消费者金融素养。普及基础金融产品和服务相关知识，围绕"一老一少"重点人群进行金融知识普及和风险提示，依托科技赋能，实现金融教育的常态化。四是加大财税和货币政策支持力度。继续实行农户小额贷款增值税、企业所得税优惠政策，落实金融企业涉农贷款和中小微企业贷款损失准备金税前扣除政策；利用差别化货币政策工具，引导金融资源向普惠金融领域倾斜。五是加强普惠金融监管与风险防控。适当提高对金融机构开展普惠金融业务的风险容忍度，优化金融机构普惠金融常态化考核指标，加快金融消费者权益保护立法。

发挥金融促进共同富裕的重要作用[*]

何德旭[**]

共同富裕是社会主义的本质要求，是中国式现代化的重要特征。不久前召开的中央经济工作会议强调：实现共同富裕目标，首先要通过全国人民共同奋斗把"蛋糕"做大做好，然后通过合理的制度安排把"蛋糕"切好分好。这是一个长期的历史过程，要稳步朝着这个目标迈进，就要发挥好金融的作用。金融是现代经济的核心，关系发展和安全，可以说，金融活经济活、金融稳经济稳。促进实体经济发展，更好满足经济社会发展需要，实现高质量发展，乃至扎实推动共同富裕，都需要将金融的重要作用切实发挥出来。

共同富裕是一个长远目标，需要一个过程，不可能一蹴而就，要坚持在高质量发展中促进共同富裕，关键是不断夯实共同富裕的物质基础，坚持以经济建设为中心，坚持高质量发展，推动经济实现质的稳步提升和量的合理增长，进一步把"蛋糕"做大做好。在这一过程中，尤其要重视金融对促进经济高质量发展、夯实共同富裕的物质基础的重要作用，具体体现在使金融回归本源，服从服务于经济社会发展、提高

---

* 原载《经济日报》2022 年 1 月 13 日第 10 版。
** 何德旭，中国社会科学院财经战略研究院院长，研究员。

城乡区域发展的平衡性、强化行业发展的协调性等诸多方面。

一是要把为实体经济服务作为出发点和落脚点。金融是实体经济的血脉，为实体经济服务是金融的天职，是金融的宗旨。对此，金融要把服务实体经济作为根本目的，在实际工作中，不断深化对"实体经济是金融的根基""为实体经济服务是金融立业之本"的认识。过去一个时期，资金的供给虽然在数量上比较充足，但是在结构上依然存在失衡的现象，难以与实体经济转型升级的现实需求形成良性对接。立足新发展阶段，我们要进一步在深化金融供给侧结构性改革上下功夫，不断完善金融市场、金融机构、金融产品体系，全面提升金融服务实体经济的效率和水平。既要在风险可控的条件下，继续发展更加多元、更加丰富的金融市场，又要积极构建多层次、广覆盖、有差异的商业银行体系，大力发展证券、保险以及其他非银行类金融机构，还要大力鼓励金融创新，围绕建设现代化经济的产业体系、市场体系、区域发展体系、绿色发展体系等提供精准金融服务，构建风险投资、银行信贷、债券市场、股票市场等全方位、多层次金融支持服务体系，等等。

二是要着力提高城乡区域发展的平衡性。当前，我国城乡、区域之间还存在较大的发展不平衡，加大力度解决这一重大问题，金融大有可为，也应该有所作为。一方面，要不断适应和满足城乡基础设施发展的需求，更好推动金融产品创新。无论是实施区域重大战略和区域协调发展战略，还是实施乡村振兴战略，都要求进一步完善公共基础设施，推动城乡、区域基础设施互联互通，特别是要加大信息技术、智能交通等新型基础设施建设的力度，在这方面，尤其需要金融提供融资支持。为此，可考虑充分发挥基础设施领域不动产投资信托基金的作用，持续提高政府专项债券的使用效率。另一方面，要大力发展普惠金融，加大对欠发达地区的支持力度。这些地区对金融服务的需求较为强烈，但由于相关项目投资周期长、投资量大、回报率低、风险较大等现实情况，长期以来难以获得充足的金融供给。对此，需要以发展普惠金融为抓手，不断加大对欠发达地区的金融支持力度，充分利用大数据、区块链、人工智能等新技术，构建全方位、一体化的数字普惠金融平台，提高融资效率；鼓励金融机构统筹实体和数字两种方式下沉服务，优化数字普惠金融的资源配置；加强数字普惠金融领域的金融标准建设，完善数字普惠金融监管体系。还要看到，促进共同富裕，最艰巨最繁重的任务仍然在农村。要在巩固拓展脱贫攻坚成果、全面推进乡村振兴中，将金融的重要作用发挥出来，推动农业产业化，盘活农村资产，增加农民财产性收入。

三是要在强化行业发展的协调性上发力。要加快垄断行业改革，充分运用金融的调节作用，更好引导金融资源的流向。同时，要推动金融、房地产同实体经济协调发展。中央经济工作会议将"引导金融机构加大对实体经济特别是小微企业、科技创新、绿色发展的支持"作为2022年做好经济工作的重要内容，金融机构需要加大力度支持中小企业发展，推动构建大中小企业相互依存、相互促进的企业发展生态，切实强化行业发展的协调性，更好助力做大做好"蛋糕"。

我们在做大做好"蛋糕"的同时，还要把"蛋糕"切好分好。在着力扩大中等收入群体规模、促进基本公共服务均等化等方面，都需要发挥金融的重要作用。

当前，我国中等收入群体规模约为4亿人，总量不少，但以14亿多人口的基数计算，所占比重约为30%，还有较大增长空间。扩大中等收入群体规模，不仅能对经济增长形成有力支撑，而且能有效防止贫富差距悬殊和两极分化，扎实推动共同富裕。总体来看，需要切实增加城乡居民金融资产等各类财产性收入，整体上提升城乡居民收入水平。具体而言，则需要抓住重点、精准施策，推动更多低收入人群迈入中等收入行列，特别是要研究不同群体的发展需要，给予金融方面的支持。比如，高校毕业生是有望进入中等收入群体的重要力量，可对他们提供稳定的金融支持，在其创业时提供更加便捷的金融服务；技术工人也是中等收入群体的重要组成部分，要加大金融对技术工人技能培养培训的支持力度；中小企业主和个体工商户是创业致富的重要群体，可以为他们提供更多市场化的金融服务，帮助他们稳定经营、持续增收；等等。当然，在扩大中等收入群体规模的同时，还可以运用金融手段调节过高收入。

促进基本公共服务均等化，是我们推动共同富裕的重要方面。要用好开发性金融，根据地方政府需求提供个性化的开发性金融服务，建议将与开发性金融相关的金融机构统一纳入促进基本公共服务均等化的金融支持范畴，引导多方资本参与基本公共服务建设。同时，要通过改革激发活力，重视推进基本公共服务均等化领域的金融改革。

还要看到，防范化解金融风险，特别是防止发生系统性金融风险，是金融工作的根本性任务，是实现共同富裕的必然要求。必须着眼国家安全大局和经济社会发展全局，统筹金融发展与金融安全，把主动防范化解金融风险放在更加重要的位置，准确研判形势，全面综合施策，着力防范化解重点领域风险，着力完善金融安全防线和风险应急处置机制，确保我国金融安全高效稳健运行，为经济社会持续健康发展、促进全体人民共同富裕创造有利条件。

构建现代财政体制扎实推进共同富裕

杜　江　龚　浩[*]

一　共同富裕的科学内涵

习近平总书记强调："我们追求的发展是造福人民的发展，我们追求的富裕是全体人民共同富裕"，[①] 当前，中国社会主要矛盾已从"人民日益增长的物质文化需要同落后的社会生产之间的矛盾"，转变为"人民日益增长的美好生活需要和不平衡不充分的发展之间的矛盾"。其中，贫富差距问题便是新矛盾的具体表现。中国已取得脱贫攻坚胜利和全面建成小康社会，绝对贫困将被历史性解决，但相对贫困仍会持续存在，并将成为"后小康社会"阶段的重要特征。就此而言，解决相对贫困、实现共同富裕，成为需要我们研究和解答的长期课题。

共同富裕作为社会主义的发展目标，是一个漫长的历史过程。党和国家的历任领导人所讲的"共同富裕"都是从历史发展的角度出发，

* 杜江，中国社会科学院副研究员，中国社会科学院大学经济学院副教授；龚浩，中国社会科学院当代中国研究所助理研究员。

① 中共中央宣传部：《习近平新时代中国特色社会主义思想学习纲要》，人民出版社2019年版，第45页。

赋予"共同富裕"在不同的历史阶段以不同的内涵。① 在社会主义初级阶段，共同富裕的内涵并非指实现个人财富的均等化，也非让社会成员财富收入同速增长，而是以普遍增加财富占有和收入为目标，解决绝对贫困问题。进入小康社会阶段，绝对贫困问题被彻底解决，共同富裕的内涵转变为在普遍提高财富占有基础上，逐步缩小社会成员间的财富占有和收入差距，解决相对贫困问题；与此同时，共同富裕的内涵还进一步丰富为从"以人为本"出发，践行"共享"新发展理念，即满足全体人民对美好生活的需要，共享新时代的社会经济发展成就。

共同富裕是中国社会发展的必然选择，其实现依赖于一系列制度安排和政策推进。对此，学界已从所有制结构、经济增长以及收入分配等角度进行了研究。马克思、恩格斯通过对人类社会发展历程的研究，揭示了私有制出现的必然性，指出私有制是造成社会不平等的根源；恩格斯在《家庭、私有制和国家的起源》② 和卢梭在《论人类不平等的起源和基础》③ 中认为私有制使贫富分化的出现成为必然。所以，第一，在我国坚持公有制为主体，重视和发挥公有制经济往往被视为实现共同富裕的根本保障④。第二，财富增加是实现共同富裕的前提，坚持社会主义市场经济的改革方向，保持经济的持续增长，是提高人民物质文化生活水平、走向共同富裕的必由之路⑤。第三，分配制度是直接关系到财富的分配和调节，分配制度是否合理影响共同富裕能否实现，对分配制度的调整既要有利于调动劳动者和要素所有制的积极性、创造性，创造更多的社会财富，为共同富裕的实现奠定物质基础。同时，财政作为再

---

① 邱海平：《共同富裕的科学内涵与实现途径》，《政治经济学评论》2016 年第 4 期。

② 恩格斯：《家庭、私有制和国家的起源》，人民出版社 2018 年版，第 4 页。

③ 卢梭：《论人类不平等的起源和基础》，李常山译，商务印书馆 1997 年版，第 121 页。

④ 刘国光：《关于国富、民富和共同富裕问题的一些思考》，《经济研究》2011 年第 10 期；程恩富、张建刚：《坚持公有制经济为主体与促进共同富裕》，《求是学刊》2013 年第 1 期。

⑤ 王与君：《析共同富裕的两个基本条件》，《经济学家》1999 年第 2 期。

分配的重要手段，要切实解决一些领域分配不公问题、防止收入分配差距过大、规范收入分配秩序。①

党的十八届三中全会以前所未有的历史高度定位财政，赋予其以"国家治理的基础和重要支柱"的特殊定位，指出：财政要在优化资源配置、维护市场统一、促进社会公平、实现国家长治久安中承担重要职责。这一定位具有里程碑意义，标志着财政与财税体制同国家治理紧密对接，并且，作为国家治理体系的一个重要组成部分，财税体制改革已经同国家治理的现代化进程联系在一起，在彼此交融、相互促进的更高平台上、更广范围内发挥其基础性和支撑性作用。② 本文通过分析财政在推进共同富裕实现中的支撑作用，总结回顾新中国成立以来推进共同富裕实现的财政安排及其成效，进而回答"后小康社会"阶段财政制度和政策如何推进共同富裕的实现。

二 财政是推进共同富裕实现的重要支撑

财政的共同富裕职能是指通过财力分配、资源配置、财政政策引导和财政体制保障，促进经济持续繁荣、推动地区均衡发展、创造丰富精神文明。③ 共同富裕体现了财富占有和收入分配情况，其实现取决于两个条件：一则是社会生产力持续提高，社会经济持续发展，社会物质财富持续增加，此为共同富裕实现的根本路径；二则是持续缩小社会成员间的贫富差距，加大财富占有及收入分配和再分配的政策调节力度，合理分配物质财富，此为共同富裕实现的直接路径。

---

① 王琳、华中：《改革收入分配制度 夯实共同富裕基础》，《宏观经济管理》2014 年第 1 期。

② 高培勇：《论中国财政基础理论的创新——由"基础和支柱说"说起》，《管理世界》2015 年第 12 期。

③ 邵鸿烈：《论我国财政的共同富裕职能——学习邓小平共同富裕思想的财政学思考》，《中南财经政法大学学报》1998 年第 6 期。

无论是在推动社会物质财富持续增加的根本路径中，还是在促进财富合理分配的直接路径中，财政作为优化资源配置、维护市场统一、促进社会公平、实现国家长治久安的重要手段，都发挥着重要作用。它既是促进社会财富增加的关键工具，也是实现财富合理分配的直接手段。

（一）财政是促进社会财富增加的关键工具

共同富裕实现的前提是经济增长带来的财富，财政作为政府进行资源配置和宏观调控的手段，是稳定和发展经济的关键工具。

改革开放前，中国实行计划经济，政府制订国家经济发展的总体目标和建设计划，通过行政审批和指令性分配安排经济生产活动，实现社会扩大再生产。在计划经济体制下，财政收支行为的实质是社会产品的分配与再分配，政府通过建立高度集中的财政制度实现资源的配置、生产的安排以及产品的分配，并通过财政监督这一过程。由是，财政的职能也被界定为分配与监督。这一财政制度虽然在一定时期内有利于国家集中资源实现经济快速发展，但往往重视指令计划忽视市场调节、重视国家发展忽视社会需求、重视国家生产忽视社会消费、重视城市建设忽视农村发展，进而导致微观层面缺乏激励机制而生产低效、宏观层面资源配置效率低下，最终不利于国民经济的发展。

改革开放后，中国探索并逐步建立了社会主义市场经济体制，使市场在国家宏观调控下对资源配置起到基础乃至决定性作用。虽然在社会主义市场经济体制下，市场主体在价格机制的引导下进行有效的资源配额，主动进行技术改进和管理机制完善，提高市场竞争力，在优胜劣汰中，最大可能地提高资源配置的效率。但是，由于公共物品、垄断、外部性、不完全信息等原因的影响，使得市场往往会"失灵"，产生收入分配失衡、负外部性、市场垄断、失业、公共产品不足、公共资源过度使用等问题。财政弥补"市场失灵"，保持经济稳定和发展，调节收入分配，为共同富裕的实现提供制度保障。

在"后小康社会"阶段，市场将在资源配置中起决定性作用。与此同时，更需要推动财政改革，构建现代财政制度，使财政能更好地履行优化资源配置、维护市场统一、促进社会公平、实现国家长治久安的职责，推动社会经济的不断发展，为共同富裕的实现奠定物质基础。

（二）财政是实现财富合理分配的直接手段

财富分配是否合理直接影响共同富裕能否实现：一方面，分配制度联系着效率，如果分配制度不能激发和提高社会生产的积极性，就没有实现共同富裕的物质基础；另一方面，分配制度联系着公平，如果分配制度不能保障和推进公平的实现，那么贫富差距就会越来越大，亦无法实现共同富裕的目的。财政作为再分配的重要工具，是政府实现财富合理分配的直接手段。

在计划经济时期，就财政对财富分配的作用来看，一方面起到平均分配的作用，另一方面则拉大了城乡差距。社会主义公有制包括国有制和集体所有制两种基本形式，国有制经济体大都集中在城市的工业生产部门，集体所有制经济体大都集中在农村的农业生产部门。由是，在社会主义国家形成了"国有制经济—工业生产部门—城市经济"与"集体所有制经济—农业生产部门—农村经济"两经济体。在前者内部，职工收入以平均主义为导向[1]；对后者，财政并没有太多的投入，广大农村区域游离于财政的覆盖范围之外或位于财政覆盖范围的边缘地带。[2]此外，政府还要利用价格手段进行资本积累以推动国家工业化，这无疑又扩大了城乡之间的不平衡。而且，在计划经济体制下，财政收入主要来源于国有制经济体，财政支出也主要用于生产建设，财政在再分配过

---

[1] 张蕴萍、赵建、叶丹：《新中国 70 年收入分配制度改革的基本经验与趋向研判》，《改革》2019 年第 12 期。

[2] 高培勇：《公共财政：概念界说与演变脉络——兼论中国财政改革 30 年的基本轨迹》，《经济研究》2008 年第 12 期。

程中调节财富的作用有限。

改革开放后，中国形成以按劳分配为主体、多种分配方式并存的收入分配制度，并将财政定位为再分配过程中调节财富分配的主要方式。党的十九大指出："坚持按劳分配原则，完善按要素分配的体制机制，促进收入分配更合理、更有序。鼓励勤劳守法致富，扩大中等收入群体，增加低收入者收入，调节过高收入，取缔非法收入。坚持在经济增长的同时实现居民收入同步增长、在劳动生产率提高的同时实现劳动报酬同步提高。拓宽居民劳动收入和财产性收入渠道。履行好政府再分配调节职能，加快推进基本公共服务均等化，缩小收入分配差距。"从收入一侧看，政府以税收作为调节财富的重要手段，其中如不断改革个人所得税，调节个人收入分配，促进社会公平；从支出一侧看，不断扩大民生开支和提高公共服务水平，建立和完善社会保障体系；从财政体制看，中央政府以转移支付为重要手段，重点支持欠发达地区、农村地区和落后产业，平衡地区间财力差异，加快推进基本公共服务均等化。

进入"后小康社会"阶段，财政作为实现财富合理分配的直接手段，将发挥重要作用。"后小康社会"阶段已解决绝对贫困问题，而相对贫困问题的解决一方面是建立在不断增加的物质财富的基础上，更重要的是要以多种工具对财富分配进行主动调节。在这其中，财政无疑是最重要的手段之一。从收入角度来看，税收是政府对财富进行调节的直接手段，既包括对增量财富的调节，也包括对存量财富的调节；从支出的角度来看，财政支出是政府提供公共物品和服务的直接方式，能为社会成员提供基本的、与经济社会发展水平相适应的、体现公平正义原则的公共产品和服务，是为社会兜底的基础保障。

三　财政推进共同富裕实现的制度安排

新中国成立之初，毛泽东提出共同富裕的目标，并指出："这个富，是共同的富，这个强，是共同的强，大家都有份"。① 改革开放以来，党和国家领导人多次强调共同富裕。邓小平总结，"社会主义的本质，是解放生产力，发展生产力，消灭剥削，消除两极分化，最终达到共同富裕"。② 江泽民强调，"实现共同富裕是社会主义的根本原则和本质特征，绝不能动摇"。③ 胡锦涛要求，"使全体人民共享改革发展成果，使全体人民朝着共同富裕的方向稳步前进"。④ 进入新时代，习近平总书记指出，"我们追求的富裕是全体人民共同富裕"。⑤

在推进和实现共同富裕的过程中，中国认识到共同富裕的实现具有历史渐进性，在不同的历史阶段，基于不同的社会主要矛盾，围绕实现共同富裕的制度安排亦有所不同。其中，财政作为促进社会财富增加的关键工具和实现财富合理分配的直接手段，在不同的历史时期形成不同的制度安排和政策主张。

（一） 新中国成立后推进共同富裕实现的财政安排

共同富裕实现的基础是发展，只有社会经济取得长足发展，共同富裕的实现才是可能的。经过社会主义改造后，社会主要矛盾长期是"人民日益增长的物质文化需要同落后的社会生产之间的矛盾"。在这一社会主要矛盾下，发展并不断为共同富裕的实现创造物质财富成为国家的首要任务，因此，财政主要在实现共同富裕的根本途径上促进社会物质财富持续增加，同时，兼顾在实现共同富裕的直接途径上进行财富的合理分配。

新中国成立之初，在国民经济恢复之后，中国迅速完成对"农业、

---

① 《毛泽东文集》第六卷，人民出版社 1999 年版，第 495 页。
② 《邓小平文选》第三卷，人民出版社 1993 年版，第 373 页。
③ 《江泽民文选》第一卷，人民出版社 2006 年版，第 466 页。
④ 《胡锦涛文选》第二卷，人民出版社 2016 年版，第 291 页。
⑤ 中共中央宣传部编：《习近平新时代中国特色社会主义思想学习纲要》，学习出版社、人民出版社 2019 年版，第 44—45 页。

手工业和资本主义工商业的社会主义改造"，建立了社会主义公有制和计划经济体制，有计划地推进工业化，为共同富裕的不断推进奠定了基础。在计划经济体制下，高度集中的财政成为国家进行资源配置、生产安排和产品分配的直接手段。政府一方面低价收购工农副产品并低价统销，降低工业原材料成本。另一方面主动降低工资标准、减少升级频率，降低人工成本。政府调高工业生产品的价格，利用"剪刀差"进一步增加工业资本积累。成本的降低与收益的增加保证工业维持较高的利润率，为工业化推进提供助力。同时，政府还将大量财政支出直接用于经济建设，1956—1978 年，用于生产建设的基本建设支出、挖潜改造和科学技术三项费用支出、增拨国有企业流动资金支出、地质勘探费支出、支援农村生产支出以及工业、交通和商业等部门事业经费支出等财政支出占国家财政支出的 57.7%。[①]

改革开放初期，中国开始逐步打破高度集中的计划经济体制。1978年，党的十一届三中全会明确指出："现在我国经济管理体制的一个严重缺点是权力过于集中，应该有领导地大胆下放，让地方和工农业企业在国家统一计划的指导下有更多的经营管理自主权"，并提出了"放权让利"的改革政策。与之相适应，财政改革以"放权让利"为主要导向。就中央与地方政府间关系而言，20 世纪 80 年代不断调整的"包干制"打破了以往"统收统支"的财政格局；就政府与企业间关系而言，"利改税"将国有企业向国家缴纳的纯收入由利润上缴形式改为缴纳所得税和调节税等税收形式，把国家与国有企业的利润分配关系用税法的形式固定下来，企业纳税后剩余的利润，全部留归企业支配使用。"包干制"明确了地方的财政权责，调动了地方在发展经济上的积极性，"利改税"赋予了企业市场主体地位，使企业能更加充分地行使自主权激发自身发展的动力。

---

① 《中国财政年鉴 1992》，中国财政杂志社 1992 年版。

　　随着中国确立建设社会主义市场经济体制的改革目标，财政也相应地确立了建立与社会主义市场经济相适应的公共财政的改革目标。公共财政服务于市场经济，在市场经济中发挥资源配置、收入分配、保障经济稳定和发展的重要作用。2003 年，党的十六届三中全会宣布公共财政体制框架已基本建成。在推动财政制度层面改革的同时，根据宏观经济的运行需要，不断调整财政政策，推动经济结构调整、经济增长方式转型，保障了社会经济稳定发展。

　　回顾新中国推动共同富裕实现的历程，改革开放前中国社会的贫富差距虽然很小，但那只是贫穷的社会主义。改革开放以来，经济取得长足发展：1979—2012 年，国内生产总值年均增长 9.8%，由 1978 年的 3645 亿元迅速跃升至 2012 年的 518942 亿元。在这一过程中，人民收入和生活水平获得显著提高，人均国民总收入由 1978 年的 190 美元上升至 2012 年的 5680 美元。按照世界银行的划分标准，中国已由低收入国家跃升至上中等收入国家；2012 年，城镇居民人均可支配收入 24565元，比 1978 年增长 71 倍，农村居民人均纯收入 7917 元，增长 58 倍，年均增长 12.8%。相应的，中国贫困人口大幅度减少，根据 1978 年标准，1978 年全国农村绝对贫困人口约 2.5 亿人，约占全部人口的 1/4；按照 2010 年标准，2010 年农村贫困人口为 16567 万人，2012 年则减至 9899 万人，不足全部人口的 10%。[①]

　　然而，中国虽然在发展过程中多次通过税制改革调节收入差距，推行民生财政以提高用于教育、医疗卫生、社保就业、环保、公共安全等民生方面的支出比例，逐步建立覆盖全社会范围的社保体系并提高保障水平，但贫富差距扩大和社会阶层分化也是不争的事实。尤其在这一过程中，少数人以非正当手段聚敛财富，曲解了邓小平"少数人先富起

---

　　① 《改革开放 35 年·经济发展成果述评》，《人民日报》2013 年 11 月 21 日第 4 版、2013 年 11 月 29 日第 2 版。

来"要"用正当手段"的基本，破坏了人民群众努力实现共同富裕的积极性，激化了社会矛盾。

（二）新时代下实现共同富裕的财政安排

进入新时代，社会主要矛盾逐渐转变为人民日益增长的美好生活需要和不平衡不充分的发展之间的矛盾。这是关系到全局的历史性变化，由是，国家工作重心不仅仅是推动生产力的发展，还要"在继续推动发展的基础上，着力解决好发展不平衡不充分问题"，不平衡不充分发展包括区域发展不平衡、城乡发展不平衡、收入分配差距较大等影响共同富裕实现的诸多因素。财政既要在实现共同富裕的根本路径上促进社会物质财富持续增加，还要同时在实现共同富裕的直接路径上进行财富的合理分配。

习近平总书记指出："让发展成果更多更公平惠及全体人民，不断促进人的全面发展，朝着实现全体人民共同富裕不断迈进。"[①] 党的十八届三中全会审议通过《中共中央关于全面深化改革若干重大问题的决定》，多次提及"促进共同富裕"。2015 年 10 月，习近平总书记在党的十八届五中全会上提出新发展理念，其中共享发展作为核心内容，旨在解决包括收入差距扩大、公共服务水平差异明显等公平问题。围绕共同富裕的实现，财政一方面是在脱贫上发力，以多种财政政策推进全面脱贫；另一方面，围绕税收改革、央地政府间财政关系等持续深化改革。

2015 年 11 月，中央扶贫开发工作会议要求：2020 年所有贫困地区和贫困人口一道迈入全面小康社会。同年 12 月，《关于打赢脱贫攻坚战的决定》这一指导脱贫攻坚的纲要性文件，对财政如何展开脱贫攻坚

---

① 中共中央宣传部编：《习近平新时代中国特色社会主义思想学习纲要》，学习出版社、人民出版社 2019 年版，第 45 页。

做出政策部署：加大财政扶贫投入力度，发挥政府投入在扶贫开发中的主体和主导作用，积极开辟扶贫开发新的资金渠道，确保政府扶贫投入力度与脱贫攻坚任务相适应，形成了一系列财政扶贫举措，包括：贴息贷款、补贴贫困人口参与新型农村合作医疗、支持农村危房改造和人居环境整治、政府采购政策支持脱贫攻坚等。

当前，中国脱贫攻坚已取得举世瞩目的成就：贫困人口从 2012 年年底的 9899 万人减至 2019 年年底的 551 万人，贫困发生率由 10.2% 降至 0.6%。至 2020 年 2 月，全国 832 个贫困县中有 601 个宣布摘帽。贫困群众收入水平大幅度提高，2013—2019 年，832 个贫困县农民人均可支配收入由 6079 元增至 11567 元，年均增长 9.7%。全国建档立卡贫困户人均纯收入由 2015 年的 3416 元增至 2019 年的 9808 元，年均增幅 30.2%。① 虽然，贫困地区基本生产生活条件明显改善，经济社会发展明显加快，贫困治理能力明显提升。但如何巩固脱贫成果，防止返贫和持续增收，仍然是中央和地方政府需要解决的长期问题。

财政除在政策层面推动脱贫以外，在制度层面也进行改革以推进共同富裕的实现。党的十八届三中全会以来，构建现代财政制度为目标的财政体制改革，主要围绕预算管理制度、税收体系以及中央与地方财政关系，包括：构建全面规范透明、标准科学、约束有力为主要特征的现代预算制度，建立科学发展、社会公平、市场统一为主要特征的现代税收体系，形成权责清晰、财力协调、区域均衡的中央和地方财政关系。虽然构建现代财政制度正在持续推进，但还有诸多问题——新《预算法》还需全面落实；税制改革方面，房地产税迟迟未能落实；中央与地方财政关系强调"事权与支出责任相匹配"，背离了分税制"财权和事权相匹配"的初衷，虽然明晰了央地事权和支出

---

① 《在决战决胜脱贫攻坚座谈会上的讲话》，《人民日报》2020 年 3 月 7 日第 2 版。

责任，但地方财政收入寄托于中央"救助"，地方财政逐渐变为"打酱油财政"。相应的，地方政府会把注意力集中在与中央讨价还价上，而不再专注于地方社会经济的发展。[①] 上述问题都影响到了推进共同富裕的实现。

四　"后小康社会"实现共同富裕要以构建现代财政制度为保障

党的十九大提出，决胜全面建成小康社会，开启全面建设社会主义现代化国家新征程。财政是国家治理的基础和重要支柱，财政改革要围绕共同富裕职能去构建和完善现代财政制度，推进国家治理现代化以实现共同富裕。并在此基础上，提出切实可行、行之有效的财政政策工具，推进共同富裕的实现。

（一）财政以推进国家治理现代化实现共同富裕

随着社会主要矛盾的转变以及进入"后小康社会"阶段，人民需求层次从对物质文化生活的需要，延伸至对民主、法治、公平、正义、安全、环境等美好生活的需要；以往制约满足人民需要的主要因素已经从落后的生产力，转变为不平衡不充分的发展；以往经济社会主体相对单一、利益关系相对简单的社会结构和利益格局均将不复存在，代之以经济社会主体多元化、利益关系复杂化的社会结构和利益格局；在如此复杂情势中解决共同富裕问题，对国家治理体系和治理能力提出了更高要求。因此，适应于以往经济社会的国家治理模式也必须进行转型，建立与现代市场经济和现代社会结构相匹配的现代国家治理体系，积极主

---

① 龚浩、任致伟：《新中国 70 年财政体制改革的基本历程、逻辑主线与核心问题》，《改革》2019 年第 5 期。

动地推动共同富裕的实现。

就政府自身而言，政府职能的履行和部门的运转都要依赖于财政经费支出，保障财政支出的又是财政收入的筹措到位；就政府、社会和居民的关系而言，将三者关系贯穿起来就是，"取之于民"与"用之于民"，体现这种关系的还是财政收支。两者都是财政职能的具体体现。可以说，在国家治理的诸多要素中，"财税体制往往是起根本性、全局性、长远性作用的"。① 亦因如此，党的十八届三中全会将财政定位为国家治理的基础和重要支柱，从根本上摆正了财政与财税体制的位置。财政从以往局限于经济范畴的概念上升为国家治理范畴的概念，成为经济、政治、文化、社会、生态文明和党的建设等涉及国家治理体系和治理能力各个领域的基础与重要支柱；财税体制从以往在经济体制中思考的制度建设，转变为牵动经济、政治、文化、社会、生态文明和党的建设等涉及国家治理体系和治理能力各个领域制度建设的综合性制度安排。财政与国家治理、财政体制与国家治理体系成为密不可分的两组概念。

财政是国家治理的基础和重要支柱，作为实现共同富裕重要保障的现代化国家治理，自然要以现代化的财政制度为支撑。针对当前现代财政制度构建中的问题，需要继续推进现代预算制度改革，全面落实新《预算法》，实施绩效管理，提高预算的科学性和财政资金使用效率，助力共同富裕的实现；加速现代税收体系构建，推动直接税改革，完善个人所得税，落实房地产税改革，对存量财富进行调整；调整中央与地方在"权""钱""责"上的关系，调动地方发展积极性，推动基本公共服务均等化，缩小区域之间、城乡之间的发展差距，推进全体人民共同富裕的实现。

---

① 高培勇：《论国家治理现代化框架下的财政基础理论建设》，《中国社会科学》2014 年第 12 期。

（二）现代财政制度实现共同富裕的具体路径

"后小康社会"阶段，现代财政制度以优化资源配置、维护市场统一、促进社会公平和实现国家长治久安为重要职责，支撑了国家治理体系和治理能力的现代化，奠定了实现共同富裕的制度基础。与此同时，还需要以行之有效的财政政策工具，打通实现共同富裕的根本路径和直接路径，促进社会财富增加，实现财富合理分配，逐步缩小贫富差距，满足人民对美好生活的需要，共享社会经济发展成就，不断推进共同富裕的实现。具体而言：

继续实施加力提效的积极财政政策。在高速增长向高质量增长的阶段转化中，积极财政政策的内涵应重新加以界定：减税降费以降低企业成本为主要目标而非以往简单地扩大需求，以供给侧为主要内容而非以往以需求侧为主要内容；扩大支出并非以往刺激需求的"大水漫灌"，而是利用财政支出补短板和结构性调整；增列赤字要坚持以防风险为约束条件。要以不同以往的减税降费、扩大支出和增列赤字推动经济从高速度发展向高质量发展，促进社会财富总量的增加，优化社会财富结构，为推进共同富裕实现奠定基础。

财政要全力支持打好防范化解重大风险、精准脱贫和污染防治三大攻坚战。一是切实防范化解地方政府债务风险，规范地方政府举债融资机制，夯实地方财力，提升地方政府治理能力；二是巩固脱贫成果，继续强化投入保障，管好用好专项扶贫资金，加大转移支付和债务限额分配向贫困地区的倾斜力度，深入实施产业、就业、教育、健康和社保扶贫，防止返贫并支持改善贫困地区基础设施和生产生活条件，持续解决相对贫困问题；三是努力建设美丽中国，"绿水青山就是金山银山"，政府要继续为打赢污染防治攻坚战提供财政支持，继续研究出台农村环境整治资金、大气污染防治资金、林业生态保护恢复资金等财政支持环保的政策，创造推进共同富裕实现所必要的自然生存环境。

　　不断加强保障和改善民生。"国以民为上，民以生为先"，财政要持续加强对教育、社保就业、医疗卫生和基本住房保障等民生领域的支持：优先支持教育事业，推动城乡义务教育一体化，优化贫困地区普通高中办学条件，支持构建现代职业教育和特殊教育体系；适当提高基本养老金、救助补助资金的标准，扩大就业资金投入，落实就业创业补贴政策；全面建立统一的城乡居民基本医保和大病保险制度，科学合理安排公共卫生服务补助资金等卫生健康支出；将城镇保障性安居工程列为中央和地方共同财政事权事项，健全政策体系有序推进保障性安居工程建设。将财政资金精准投入到与人民群众生活直接相关的领域，实实在在提高人民生活水平。

　　当前，需要财政工具对冲疫情带来的负面影响：一方面，财政要继续以支持扶贫产业、消费扶贫、贴息信贷、异地搬迁、基础设施建设、改善住房和饮水安全、兜底保障等方式加速脱贫并防止返贫。另一方面，加大宏观政策调节力度，减轻中小微企业负担，允许企业缓交、减交社会保险费，提高财政贴息力度，帮助中小微企业渡过难关；增加专项债、发行特别国债，弥补财政资金的不足，提高中央对地方的转移支付力度，加强地方财政保基本民生、保工资、保运转"三保"工作；扩大地方政府专项债券发行规模，指导地方做好项目储备和前期准备工作，尽快形成有效投资，推动经济复苏。

旅游业助力共同富裕的作用机理与政策建议

徐紫嫣　宋昌耀*

旅游业是现代产业体系的重要组成部分,我们正在致力于把旅游业打造为国民经济支柱产业和人民群众满意的现代服务业。旅游业天然的富民属性和自身能够调节收入分配的特性,使其不仅能够满足人民群众多层次、分众化和高水平的消费需求,更是在调整经济结构、促进居民就业、带动社会发展等方面发挥了重要作用,理应在缩小收入差距和实现共同富裕的道路上承担重要的历史使命。

一　旅游业助力共同富裕的作用机理

旅游业作为支撑经济高质量可持续发展的战略性支柱产业,具有经济属性、创新属性、空间属性和文化属性,故而对共同富裕赋能提效体现在以下方面。

* 徐紫嫣,中国社会科学院大学商学院博士生;宋昌耀,北京第二外国语学院旅游科学学院博士生。

（一）经济增长效应，为共同富裕创造基本前提

共同富裕的基本前提是"富裕"，经济增长是实现"富裕"的必由之路。旅游业通过刺激消费、增加投资、推动基础设施建设等途径带动地区经济发展。依据世界旅游旅行理事会（WTTC）的测算，2019年，旅游业创造的经济增加值占全球经济总量的10.3%，所创造的3.3亿个就业岗位占全球总就业的10%，无可争议地成为全球经济增长的重要动力和吸纳就业的重要载体。特别是考虑到经济发展过程中的循环累积因果机制的作用，全球经济增长所不断释放的福利效应将促进旅游经济的持续发展，反过来又将进一步扩大旅游业发展的经济效应。此外，旅游业有助于地区人文价值与经济价值之间相互作用与转化。文化资源作为旅游业的关键因素，促进区域旅游发展；而文化要素借助市场机制的驱动，促进旅游经济的进一步提升。总体而言，旅游业的经济增长效应突出，而这是实现共同富裕的重要基础。

（二）创新提质效应，为共同富裕提供持续动力

共同富裕需要源源不断的科技创新作为技术支撑。旅游业不仅支撑传统经济的稳定发展，更是创新经济的发源地和主战场。创新发展与共同富裕是相辅相成的。共同富裕是高质量发展的共同富裕，"科技创富"能够为顺利跨越"中等收入陷阱"提供动力源泉。同时，技术扩散导致的创新要素自由流动，能够加快促进科技创新的辐射带动效应，推动区域协调发展。旅游业作为"大众创业、万众创新"的最为活跃的领域之一，是AR、VR、大数据、云计算、移动支付等新技术等重要场景，是共享经济等新兴经济业态的重要阵地。此外，旅游业的组织创新、产品创新、营销创新、制度创新、公共服务创新等推动旅游经济的全面创新带动现代服务业和私营经济的变革发展，为吸纳最广大就业群体的服务部门提质增效，从而实现高质量的共同富裕。

（三）空间流动效应，为共同富裕提供协调手段

共同富裕的根本目标是"共同"，是实现发展机会平等、发展成果共享。通过降低自发性和制度性因素导致的不平等，不断推动共享理念转化为具体实践，才能保证发展性和共享性的统一，让全体人民有机会平等地参与高质量经济社会发展，共享新时代经济社会发展的成果。旅游业是以消费者空间移动为根本的生活性服务业，旅游者空间位移及其带动的各类要素的空间流动会对经济社会资源在空间上、主体上形成再配置。在大众旅游时代，旅游业的需求多元化、供给品质化、区域协调化、成果共享化的特征将更加明显。在高速交通影响和推动下，旅游者和旅游要素逐渐打破城乡间的限制、区域间的限制，实现更加自由的流动，促进旅游业全域、全时空的全面融合发展，从而有效解决区域、城乡发展不均衡的问题，带动地区经济协调发展，实现可持续的共同富裕。

（四）人力资本效应，为共同富裕提供人本支撑

旅游业的就业拉动效应是实现共同富裕的根本保障，而旅游业对人的全面发展的促进作用更是共同富裕必不可少的支撑。一方面，旅游业的流动属性有助于消费者在非惯常环境下实现人力资本积累，而人力资本则是创造财富、实现共同富裕的核心能力。现阶段，旅游已经成为现代都市人缓解和减轻工作压力，实现人们工作与生活平衡的一种最佳选择；旅游更成为一种学习方式和成长方式，在旅游过程中通过开阔眼界、拓展思维从而提升自身价值。另一方面，旅游业的文化属性在于丰富人民群众的精神世界，实现物质生活和精神生活共同富裕的平衡。新时代的共同富裕是全体人民的共同富裕，是人民群众物质生活和精神生活全面富裕。旅游是人的基本权利，旅游是人类实现自我精神解放的重要途径。可见，在从关注物的分配到关注人的发展的过程中，旅游业发

展成为推进共同富裕的重要途径。

二　旅游业助力共同富裕的政策建议

（一）积极发展乡村旅游，促进乡村振兴

　　旅游业是城市反哺乡村的重要产业，发展乡村旅游能够为乡村带去客流、资金和新的思想。乡村旅游是以农村农业为核心资源，通过建设旅游小镇、田园综合体、农家乐和民宿等，实现城乡之间人才、土地、信息和资金的良性循环。发展乡村旅游，不仅能够为农村居民带来新的就业机会和经济收入，还能改善农村地区基础设施建设、优化农村生活环境，促进农业现代化发展。同时，乡村旅游能够提升城乡居民文化和旅游参与度，共建共享品质生活，促进城乡一体化发展。总之，发展乡村旅游是实施乡村振兴战略的有效途径，而乡村振兴的落脚点在于增进乡村居民的社会福利，实现城乡共同富裕。在发展乡村旅游过程中，一是要注重乡土文化的传承与发展。乡土文化作为乡村旅游的内核，作为寄托城市居民"乡愁"的依托，是乡村旅游的核心吸引力。因此，要挖掘乡村文化旅游资源，创新乡村文化旅游产品，实现乡村产业资源的整合和增值。二是要高度重视乡村居民的主体作用，不仅要以游客为中心，还要以当地居民为本，构建平等和谐的主客关系。发展乡村旅游促进共同富裕离不开精英治理，即人才的支持和振兴。发展乡村旅游应当积极鼓励大学生返乡创业，他们既有前沿知识和现代理念，又了解乡村发展脉络和民情地情，是提升乡村旅游发展质量的主要群体。三是要深化乡村地区一二三产业的融合发展，推动形成农产品深加工、乡村文创、田园度假、生态旅游等为主要业态的乡村旅游产业集群，在大力发展乡村旅游中深耕共富基础，释放促进共同富裕的"加速度"。

（二）促进区域旅游发展，深化协同合作

旅游业是优化国民经济结构和推动区域协调发展的重要力量。作为促进居民增收的重要产业，旅游业有着"一业兴百业旺"的带动作用，能够发挥乘数效应引领第三产业发展，进而带动整个地区的快速发展。为此，一是要推动老少边穷、人口收缩地区的旅游业发展，推动旅游政策资源向欠发达地区倾斜，强化对欠发达地区的旅游资源开发，完善旅游基础设施和旅游公共服务，通过发展旅游业形成消费集聚、就业集聚和人口集聚，带动相关产业发展，缩小与经济发达地区的差距。二是要加快推进京津冀、长三角、粤港澳等城市群地区旅游业高质量发展，加快科技赋能旅游业，增强区域旅游发展的创新能力，探索发展旅游新业态。三是以都市圈旅游为抓手，应对新冠肺炎疫情对旅游业的影响以及旅游出行习惯的改变，积极发展周边游、微旅行、微度假等，开展旅游业态配置。结合不同地区的区域优势，因地制宜制定旅游产业扶持发展政策，不断挖掘自身旅游业的吸引力，形成各具特色的优势产品，缩小区域旅游发展差距。四是以旅游业为政策工具不断加强区域互助，通过引导旅游消费、扩大旅游投资、旅游智力输出等方式对口支援、帮扶欠发达地区。五是加强区域间文化和旅游市场一体化建设，消除地方保护，减少地区间旅游商品的流通成本，发挥相邻地区间的溢出效应，促进区域间的共同富裕。

（三）加快发展民族地区旅游业，助力巩固脱贫攻坚成果

边疆民族地区旅游产业的发展不仅关系到巩固脱贫攻坚与乡村振兴的有效衔接，更是维护边疆民族地区社会稳定发展大局的重要抓手。科学合理地发展旅游产业可以为民族地区带来经济、社会、文化和生态等方面的综合效应，可为民族地区巩固脱贫攻坚成果和乡村振兴事业的有效衔接贡献力量，有益于民族地区的长远发展和缩小民族

地区与发达地区的发展差距。为了实现民族地区旅游产业的高质量发展，需要综合施策，探寻科学的发展模式和切实可行的实施路径。比如，实施与乡村振兴融合发展、与文化产业融合发展、与大数据产业融合发展和与非物质文化遗产融合发展等发展模式，以及各民族地区可根据自身的资源禀赋和现实发展条件，重新审视资源挖掘与开发强度的关系，选择科学合理的发展路径，遵循科学的旅游开发原则，保护生态与文化的原真性，确保民族地区旅游业可持续发展。民族地区有丰富的旅游资源和灿烂悠久的历史文化，但也要借力大数据和数字技术来推动旅游业创新发展，把旅游资源优势转化为旅游产业优势。未来，民族地区要更加积极借力数字化，使旅游消费在时空中的资源错配得以有效纠正，个性化、差异化的旅游需求在沉浸式、体验式的业态中得到满足。

（四）鼓励旅游创新创业，增加收入来源

实现共同富裕需要收入规模的增加和收入分配结构的优化，重点是增加各类群体的收入来源。旅游业是吸纳社会就业的主要产业之一，尽管新冠肺炎疫情的冲击导致旅游就业受到前所未有的影响，但旅游就业始终保持一定规模，并且会随着旅游业的复苏发展而继续成为吸纳就业的主要部门。只有充分发挥旅游产业对就业的带动作用，扩大就业渠道，完善就业层次，强化就业质量，才能实现旅游经济更高质量的良性循环。由于旅游产业自身的特点以及现阶段旅游服务业的发展，相比其他产业而言，旅游业发展容易造成高层次人才的流失。同时，大多数旅游从业人员多是掌握基本服务技能的劳动者，收入能力相对较低。这就要求持续增加旅游创新创业规模和能力，从而增加各类主体的收入来源。为此，一是要加强旅游领域人才队伍建设，通过实施旅游人才奖励计划，不断吸引优秀人才加入旅游业，为行业发展贡献智慧和活力；强化旅游相关知识技能培训，大力提升旅游从业人员质量。二是加强旅游

投资，面向旅游业高质量发展，吸引金融、科技、创意等相关企业投资旅游业，拓展旅游经济发展边界，丰富旅游业发展内涵，推动旅游业与数字经济、装备制造、文化创意等产业融合发展。三是鼓励旅游创业，结合旅游业共享性、季节性等特征，引导各类主体将闲暇时间、闲置资产等分散性要素和资源投入到旅游业，提高财产性收入和经营性收入。四是强化旅游创新发展，加强旅游业科技创新，积极引入具有创新性和通用性的数字技术，应用到旅游业发展过程中，进一步优化旅游服务模式，提升旅游服务体验，创新旅游品质供给，借助数字技术赋能旅游业发展，促进旅游业人力资本积累和创新性发展，从而在更高层面助力共同富裕。五是重点关注老年群体，支持旅游业、餐饮业、文娱业等吸纳老年群体就业，设置专门的旅游再就业机构，支持老年人平等参与经济、社会和文化活动。

（五）提升旅游业幸福感，实现人的发展

旅游业作为典型的幸福产业，在促进人民群众精神生活共同富裕方面担负着重要使命。共同富裕的最终目的是实现人的发展。因此，提升旅游者和旅游目的地居民幸福感，是实现共同富裕高质量发展的核心。一是要大力弘扬具有崇高价值的精神思想，将社会主义核心价值观融入旅游业发展和旅游产品供给全过程，不断增加优质文化旅游产品供给，强化共同富裕价值引领。二是深化文化产业和旅游产业的融合发展，推动极具代表性的文旅融合产品，如红色旅游、研学旅游、博物馆旅游、旅游演艺等旅游业态的快速发展，加强图书馆、文化馆、艺术馆、文创园等主客共享的公共文化空间的应用。三是加强对外文化交流和旅游推广，提升旅游参与便利度，扩大和引导大众进行文化和旅游消费，引领带动全旅游行业高质量发展。四是增加旅游全产业链发展的文化内涵，推动传统旅游产业转型升级，加快发展旅游新业态；顺应数字产业化和产业数字化发展趋势，推动数字化新场景的应用，满足和引领旅游消费

新需求，提升旅游者幸福感和获得感。五是重点关注旅游业发展对旅游目的地的全面影响，全面提升旅游目的地居民的幸福感，促进人民群众精神生活共同富裕，实现人的全面发展。

下篇
专论

第四部分

协调发展

在协调发展中扎实推进共同富裕 *

黄群慧 **

2021 年年底召开的中央经济工作会议指出，要正确认识和把握实现共同富裕的战略目标和实践途径。实现共同富裕目标，首先要通过全国人民共同奋斗把"蛋糕"做大做好，然后通过合理的制度安排把"蛋糕"切好分好。这是一个长期的历史过程，也是实现中国式现代化的必然要求。要稳步向这一目标迈进，需要在实现共同富裕的过程中探索出一条具有平衡性、协调性和包容性的高质量发展路径，在发展的过程中共享发展成果。这就意味着发展的过程要协调，以协调发展实现共享发展的结果，强调通过区域平衡发展、产业协调发展、企业竞合共生的协调发展路径，既促进生产力发展、实现富裕，又缩小贫富差距、实现共享。协调发展是共同富裕的必由之路，要在 2035 年实现全体人民共同富裕取得更为明显的实质性进展，必须以协调发展理念为指导，积极推进区域、城乡、产业、企业的协调平衡发展。

---

* 原载《光明日报》2022 年 1 月 4 日第 11 版。
** 黄群慧，中国社会科学院经济研究所所长，研究员。

重视区域协调发展战略促进共同富裕的作用，提升区域协调发展水平，增强区域政策的协调性和平衡性

区域协调发展一直是我国经济发展的重大战略问题。新中国成立后至改革开放前的计划经济时期，国家重大生产力布局在很大程度上决定了区域经济的发展水平。改革开放后，沿海开放战略和市场化资源配置机制逐步完善，东部沿海地区发展迅速，形成了东中西梯度发展格局。2000 年以来，随着西部大开发、东北振兴、中部崛起等区域战略先后付诸实施，区域发展的不平衡不协调问题有所缓解。党的十八大以来，在深入实施已有的区域协调发展战略基础上，又积极推进京津冀协同发展、长江经济带发展、长三角一体化发展、黄河流域生态保护与高质量发展、粤港澳大湾区建设、海南全面深化改革开放等战略，区域协调发展取得重大进展，从人民生活水平、基本公共服务均等化、基础社会通达程度、地区比较优势发挥和绿色低碳协同发展等方面考察，区域间的差距都有明显缩小，其中基础设施通达程度和基本公共服务均等化两方面的表现更为突出。但在居民收入水平和消费水平方面，区域间的差距仍然较大。总体来看，当前各地区教育、医疗、养老等公共服务发展还不够均衡，促进各地区相对均衡发展仍是一项长期性的艰巨任务。而且，虽然东中西部区域发展差距逐步缩小，但是南北之间的差距有所扩大，东北三省的经济增速自 2013 年以来一直显著低于全国增速。

从共同富裕视角审视区域发展问题，一方面，这对区域协调发展提出更高要求，制定和实施区域协调发展战略就显得更为重要，2021 年的中央经济工作会议就提出，区域政策要增强发展的平衡性协调性；另一方面，也要调整区域协调发展的思路，更加强调以人为核心的区域发展战略。区域发展战略的制定要尊重客观经济规律，发挥各地区比较优势，允许各类要素合理流动和高效集聚。共同富裕本质是全体人民的共同富裕，劳动力跨区域流动有利于提高全体人民收入水平，这就要求进一步打破人员流动的体制机制障碍，尽快实现养老保险全国统筹，形成全国统一开放、竞争有序的商品和要素市场，改革土地管理制度，使人员流动和要素转移更加畅通无阻。从共同富裕角度看，区域协调发展不仅意味着人均 GDP 低的地区对人均 GDP 高的地区的追赶，而且更加强调缩小不同区域基本公共服务均等化、基础设施通达程度等方面的差距。2021 年中央经济工作会议提出的健全常住地提供基本公共服务制度，无疑是一项促进共同富裕的针对性政策。要增强经济发展优势区域的经济和人口承载能力，使这些优势区域集聚更多流动人口、提高流动人口收入水平。与此同时，还要强化其他地区保障粮食能源安全、生态安全、边疆安全等方面的主体功能。要全面建立生态补偿制度，完善财政转移支付制度，建立健全区际利益补偿和调节机制，切实加大生态补偿、财政转移支付、利益补偿的力度，缩小区域人均财政支出差异，加大对欠发达地区的支持力度，推动主体功能区和欠发达地区的居民基本公共服务水平、基础设施水平、收入和消费水平等提升速度高于发达地区。

协同推进城镇化战略和乡村振兴战略，提升城乡协调发展水平，缩小城乡居民收入差距

城乡差距一直是我国协调发展需要解决的重大问题。改革开放之初，家庭联产承包责任制提高了农村劳动力和土地资源的配置效率，再加上对工农产品价格的调整，农村居民收入快速上升，1978—1983 年城乡居民收入比曾出现过短暂下降，1983 年城乡居民收入差距达到历史最低水平，城乡收入比为 1.82 倍。之后，随着城市改革的不断深入、工业化和城镇化进程的加速推进，城乡居民收入差距不断加大。到 2007 年，城乡居民收入差距达到最高水平，城乡收入比为 3.14 倍。此后，随着一系列促进农民增收的政策开始显现效果，城乡居民收入差距呈现明显下降趋势。尤其是党的十八大以来实行的城乡社会保障一体化、脱贫攻坚战和乡村振兴战略，提高了农村居民的收入与福利待遇，缩小了城乡居民的收入差距，到 2020 年城乡收入比已降到 2.56 倍。特别是 2016 年以来，随着精准脱贫效果逐步显现，农村地区低收入群体的收入得到明显提升。

进入新时代，我国积极推进以人为核心的新型城镇化战略、全面实施乡村振兴战略，对缩小城乡差距、提升城乡协调发展水平发挥了重要作用。从共同富裕的要求看，还需要进一步协同推进这两个战略，这也有助于推动新型工业化、信息化、城镇化和农业现代化同步发展。全面实施乡村振兴战略，要求强化以工补农、以城带乡，形成工农互促、城乡互补、协调发展、共同繁荣的新型工农城乡关系，加快推进农业现代化；而以人为核心的新型城镇化战略，要以城市群、都市圈为依托促进大中小城市和小城镇、乡村协调联动发展，深化户籍制度改革和土地制度改革，健全农业转移人口市民化机制，加快步伐和加大力度推进农业转移人口市民化。要提高推进乡村振兴战略和以人为核心的新型城镇化战略二者之间的协同性，最为关键的是健全城乡融合发展、产业融合发展的体制机制，形成城乡生产要素平等交换、双向流动的完善的政策体系。在我国现代化进程中，总体上城镇化水平落后于工业化水平，农业现代化水平落后于工业现代化水平，信息化与工业化深度融合还不够，为此，必须针对协同发展的这些"短板"，以国家投资为引导，吸引大量社会资本进行大量的"补短型"投资。从产业看，要以信息化水平提升为手段，促进第一、第二和第三产业的融合发展，提高工业和农业发展的协同性，丰富乡村经济业态，提升农业现代化水平和农民收入水平；从区域看，打破城乡要素流动的体制机制障碍，促进乡村与城镇的融合发展，在推进都市圈建设、城市群一体化发展中包容和带动县城、乡镇发展，提升乡村基础设施和公共服务水平，改善乡村人居环境，提高农村居民财产收入水平。

从体制机制上扭转实体经济与虚拟经济的结构失衡，推进金融、房地产与实体经济的协调发展，缩小行业收入差距

近些年来，我国经济发展的矛盾主要方面在供给侧，而供给侧矛盾虽然有周期性和总量性的因素，但根源还是结构性失衡，主要表现为金融和房地产的发展与实体经济失衡。一直以来，金融等虚拟经济部门不断扩大，导致出现"脱实向虚"的发展趋势。2011 年中国制造业占GDP 比例为 32.1%，到 2020 年快速下降到 26.2%；而金融业增加值占GDP 比例从 2011 年的 6.3% 提高到 2016 年的 8.4%，已超过美国在2008 年发生金融危机时的最高比例 7.8%。虽然近些年供给侧结构性改革力度加大，"脱实向虚"趋势有所遏制，但金融增加值占 GDP 的比例仍保持在 8% 左右。在金融业快速增长的同时，实体经济却普遍面临融资难、融资贵问题，大量资金在金融系统内自我循环或流入房地产行业，助推实体经济资金成本不断提升，金融、房地产与实体经济之间的发展更加不协调。这种失衡在从业人员收入上的体现，就是金融、房地产业员工收入水平远高于实体经济各行业员工收入水平。2003 年以来，城镇非私营单位金融业人均工资与制造业人均工资之比从 1.6 倍上升到2010 年的 2.3 倍，随后有下降的趋势，到 2019 年仍有 1.7 倍。制造业是立国之本、兴国之器、强国之基，其与金融、房地产业发展的不协调问题不仅不利于经济高质量发展，而且由此带来的收入差距扩大还是分配不公的表现，从共同富裕的要求看，必须要加以清理和规范。

党的十九大提出，建设现代化经济体系，必须把发展经济的着力点放在实体经济上，把提高供给体系质量作为主攻方向。"十四五"规划再次强调，坚持把发展经济着力点放在实体经济上，加快推进制造强国、质量强国建设。真正从体制机制入手，解决"脱实向虚"的结构性失衡问题，推进金融、房地产与实体经济的协调发展，这既是我国经济高质量发展的需要，也是扎实推进共同富裕的要求。2020 年 6 月，国务院常务会议提出 2020 年全年金融支持实体经济让利 1.5 万亿元，此项政策措施在疫情冲击背景下虽然具有重要意义，但更为关键的是深化金融供给侧结构性改革，健全具有普惠性的现代金融体系，加快构建金融为实体经济服务的体制机制，持续扩大制造业中长期贷款、信用贷款、技改贷款的规模，加大股权融资、债券融资等向制造业倾斜的力度，不断创新和完善直达实体经济的货币政策工具，坚持"房住不炒"的房地产定位。尤其是要持续完善现代金融监管体系，补齐监管制度短板，加大对金融、房地产行业收入分配管理，整顿收入分配秩序，建立风险全覆盖监管框架，提高金融监管的透明度和法治化水平。要重视金融的短期风险与实体经济长期风险的平衡，解决阻碍经济有效循环、导致"脱实向虚"的一系列长期结构失衡问题，实现金融、房地产和实体经济协调发展，从而缩小行业收入差距，扎实推进共同富裕。

协调产业政策与竞争政策，构建大中小企业、国有企业与民营企业、互联网平台企业与一般传统企业竞合共生的良好发展生态，清理规范不合理收入，重视企业社会责任

坚持和完善社会主义基本经济制度，激发各类市场主体活力，努力培育更有活力、更多数量的各类市场主体，是我国推动经济发展和实现经济现代化的必然要求。大量富有活力、各种类型的市场主体，是我国现代化经济体系的基础，各类市场主体协调发展，是培育中等收入群体、扎实推进共同富裕的必然要求。由于企业的规模、所有权性质、业务特性存在差异，决定了不同类型企业在市场的功能定位、竞争地位都不同。相对于大型企业而言，一般中小企业尤其是小微企业具有先天的规模竞争劣势，稳定性和抗风险能力较差；相对于国有企业而言，一般民营企业会面临特殊的发展问题，例如准入限制、贷款受限等；而相对于一般企业而言，平台企业具有网络效应、边际成本为零、外部经济性等经济属性，有着走向寡头垄断或完全垄断的便利性。但从市场整体看，各类企业都有自己的重要功能，都有自己生存发展的必要性，尤其是中小企业、民营企业在解决就业、促进共同富裕方面发挥了重要作用，一个完善的市场需要各类市场主体公平竞争、协调发展。在收入分配上，不同类型企业会有不同的收入水平，尤其是大企业、国有企业和平台企业有可能因垄断地位而获得相对高的收入，这就需要加强对其出现的垄断行为进行有效规制。

促进各类企业协调发展，最根本的手段是在强化竞争政策基础地位的前提下有效协同产业政策与竞争政策。一方面，要强化竞争政策的基础地位，不断完善竞争政策框架，构建覆盖事前、事中、事后全过程的竞争政策实施机制，强化公平竞争审查制度的刚性约束，加大反垄断和反不正当竞争执法力度，防止资本无序扩张，加快推进能源、铁路、电信、公用事业等行业竞争性环节的市场化改革，强化对自然垄断性业务的监管。另一方面，要积极推进产业政策与竞争政策的协同。强化竞争政策的基础地位并不意味着不需要产业政策，关键是要推进产业政策从强选择性向功能性转型，通过市场或非市场的方式为产业提供科学技术、人力资本等公共服务，通过创新体系建设或公共服务体系建设，如共性技术研发机构、技术扩散服务机构和项目、针对中小企业的法律服务等，为产业和企业提供特定的服务以提升其发展能力；要加大知识产权保护力度，建立知识产权侵权惩罚性赔偿制度，塑造良好产业生态和竞争环境。从收入分配角度看，整顿收入分配秩序，坚决取缔非法收入，坚决打击内幕交易、操纵股市、财务造假、偷税漏税等获取非法收入行为，努力把各行业收入差距控制在合理合规范围之内，加大对垄断行业收入分配管理，清理分配乱象。

还需要强调的是，在共同富裕背景下，企业协调发展要把企业社会责任放在更为重要的地位。企业努力承担社会责任，其理论逻辑在于企业不是追求股东利益最大化的组织，而应该是包含股东在内的企业所有利益相关者（还包括员工、消费者、供应商、债权人、社区、政府、生态环境等）的利益最大化，这本质上是全体人民共同富裕要求的企业微观理论逻辑的具体化。企业履行社会责任的意义绝不仅仅在于通过慈善等活动进行第三次分配来助力共同富裕，而是要在企业的价值理念、战略导向、经营活动中全面体现出各方利益相关者的要求，这会直接影响到初次分配和再分配。因此，重视积极推进企业社会责任，对推进共同富裕具有重要意义。我国从 2006 年开始，一直重视和倡导企业社会责任，2006 年公司法最早明确要求公司从事经营活动要承担社会责任，2008 年国务院国资委发布《关于中央企业履行社会责任的指导意见》，上海证券交易所印发《关于加强上市公司社会责任承担工作暨发布〈上海证券交易所上市公司环境信息披露指引〉的通知》，2013 年党的十八届三中全会明确要求国有企业承担社会责任，2018 年证监会发布新版《上市公司治理准则》，要求上市公司贯彻落实创新协调绿色开放共享的新发展理念、弘扬优秀企业家精神、积极履行社会责任。总体而言，我国企业社会责任水平一直在不断上升，但推进企业社会责任依然任重道远。

全面打造城乡协调发展的引领区[*]

魏后凯^{**}

《中共中央国务院关于支持浙江高质量发展建设共同富裕示范区的意见》对浙江提出了建设"城乡区域协调发展引领区"的战略定位，并把"缩小城乡区域发展差距，实现公共服务优质共享"作为六大任务之一。当前，我国发展不平衡不充分集中体现为城乡发展不平衡和农村发展不充分。推进城乡协调发展，逐步缩小城乡差距，实现城乡居民收入均衡化、基本公共服务均等化和生活质量等值化，既是从全面小康走向共同富裕的内在要求，也是形成强大国内市场、构建新发展格局的重要基础。浙江是我国城乡协调发展水平较高的地区，近年来在推进城乡融合发展、缩小城乡差距方面进行了大胆的积极探索，建设城乡协调发展引领区具有较好的基础和条件。在全面建设社会主义现代化国家新征程中，浙江应通过示范区建设，推动乡村振兴与新型城镇化全面对接，聚焦乡村产业、公共服务、以城带乡、农民福祉等关键问题，促进城乡深度融合发展，全面打造高质量的城乡协调发展引领区，充分发挥其引领、示范、标杆和带动作用。

* 原载《人民日报》2021 年 8 月 5 日第 12 版。

** 魏后凯，中国社会科学院农村发展研究所所长，研究员。

一 筑牢现代乡村产业体系

缩小城乡发展差距，关键是加快农业农村发展，筑牢符合高质量发展和共同富裕要求的现代乡村产业体系。只有乡村产业兴旺了，才能为乡村振兴奠定坚实的基础。2020 年，浙江人均 GDP 达到 1.46 万美元，已经稳步进入高收入经济体行列，预计 2025 年左右将达到中等发达国家水平。据我们测算，浙江农业农村现代化也走在全国前列，处于全国第一梯队，有条件在 2025 年前后率先基本实现农业农村现代化，在 2035 年基本实现高水平农业农村现代化。在加快农业农村现代化过程中，应在保障粮食安全底线的前提下，以农村功能定位为导向，突出乡村特色，加快乡村产业转型升级，建立具有浙江特色的现代乡村产业体系。

首先，树立保障粮食安全的底线思维。确保国家粮食安全是中央和地方政府的共同责任。无论是主产区、主销区还是产销平衡区，都具有不可推卸的保障粮食安全责任。对于像浙江这样一个粮食主销区而言，在全面推进乡村振兴的进程中，应该确保粮食种植面积不减少、产能有提升、产量不下降，稳定并提高粮食自给率。要通过加大耕地"非粮化"治理，将有限耕地优先用于粮食生产；同时加快转变粮食生产方式，不断延伸粮食产业链，提升价值链，打造供应链，实现"三链"协调联动，从而破解粮食生产与农民增收的难题。

其次，不断提高农业发展质量和效益。要抓住耕地和种子两个要害环节，大力推进高标准农田建设，加强良种选育和推广服务，充分利用现代科技手段，不断增强农业综合生产能力，全面提高农业现代化水平。特别是，要立足浙江省情，大力推进农业生产方式转变和现代化，采取土地流转、托管、入股等途径，促进现代农业向规模化、集约化、工业化、数字化、社会化和绿色化方向发展，实现农业高质高效，打造高质量发展的现代农业强省。

最后，推动农村一二三产业深入融合。农村产业融合发展应以农业为基础，符合农村功能定位。核心是充分挖掘农业的经济、文化、教育、生态、景观等多维功能，推动农业产业链条的多维延伸。一方面，要完善专业化的社会化服务体系，打造从田间到餐桌的农业全产业链，推动农业产业链条的纵向融合和一体化。另一方面，还要推动农业与农产品加工、文化旅游、电商物流、教育体验等二三产业全面深度融合，实现农业产业链的横向融合和一体化。要依托农村产业融合，形成共建共享的乡村发展共同体，让农民更多分享产业链增值的收益。

二 提升农村公共服务水平

为城乡居民提供更加普惠均等可及的基本公共服务，是实现共同富裕目标的基本要求，也是一项十分艰巨的底线任务。当前，中央已经明确提出到 2035 年要实现基本公共服务均等化，其核心是城乡基本公共服务均等化。浙江是我国改革开放的前沿，居民收入位居各省区之首，城乡区域发展相对均衡，有条件在全国率先实现城乡一体化发展和基本公共服务均等化。在推进示范区建设中，要按照高质量发展建设共同富裕示范区的要求和更高标准，着力提高农村公共服务供给水平、质量和效率，实现城乡公共服务优质共享。

首先，要提高农村公共服务的供给质量。近年来，浙江省基本公共服务均等化快速推进，正在由局域均等化向全域均等化迈进。下一步，重点是按照城乡一体化和共同富裕的要求，在确保实现高水平基本公共服务均等化的基础上，推动基本公共服务从均等化走向匀质化。当前应兼顾补短板与拓面提质，进一步加强农村公路、环卫、文化、体育、信息等基础设施建设，推动实现城乡交通、供水、电网、通信、燃气等基础设施同规同网，促进农村基础设施和公共服务提档升级；要将农业农村新基建列为优先领域，加快在农村布局 5G、人工智能、物联网等新型基础设施，积极引入信息化主流技术，推进服务农业农村的信息、融合和创新基础设施建设，筑牢数字乡村的发展基础。同时，要坚持"建管用"并重，加大资金、人员投入和政策支持，建立完善农村公共设施管护营运的长效机制。

其次，优化农村基础设施和公共服务布局。2020 年，浙江省常住人口城镇化率为 72.17%，预计 2035 年将超过 80%。随着城镇化的推进，大量农村人口尤其是年轻人不断迁往城镇，未来农村人口将进一步减少，农村人口老龄化、村庄"空心化"和村庄数量减少将不可避免。为此，需要根据未来城乡人口的分布来调整优化农村基础设施和公共服务布局，促使公共资源配置与人口分布相匹配，避免因城乡人口迁移造成公共资源的浪费。值得注意的是，尽管政府有必要对村庄布局进行规划引导和调整优化，但这种村庄布局调整优化必须遵循乡村发展规律，以农民自愿为前提，以提高农民福祉为出发点和落脚点，还必须与未来乡村建设有机结合起来。对于那些有条件、集聚人口较多的村庄，应鼓励其向小城镇方向发展和转型。

三　扎实推进以城带乡

城市与乡村是一个互补互促、互利互融的有机整体。城市是引领、辐射和带动乡村发展的发动机，乡村则是支撑城市发展的重要依托和土壤，乡村振兴离不开新型城镇化的引领和城市的带动。打造城乡协调发展引领区，必须统筹推进新型城镇化与乡村振兴，强化以工补农、以城带乡，将城市的资本、人才和技术优势与农村的资源和生态优势有机结合起来，形成 1+1 大于 2 的合力效应，使农村的比较优势得到充分发挥、发展潜力得到有效释放。

首先，要以新型城镇化引领乡村振兴。以人为核心是新型城镇化的本质特征。推进以人为核心的新型城镇化，必须全面深化户籍制度改革，进一步放宽落户限制，不断扩大居住证享受的基本公共服务范围，推进基本公共服务向常住人口全覆盖，加快建立农业转移人口市民化长效机制，尽快缩小户籍人口城镇化率与常住人口城镇化率的差距，最终实现"两率"并轨，使农业转移人口能够同等享受城镇公共服务。同时，要按照依规自愿有偿的原则，加快建立进城落户农民农村承包地经营权、宅基地使用权和集体收益分配权等市场化退出机制，为农业劳动力转移和规模化经营创造有利条件。

其次，积极鼓励城市资本和人才下乡。城市是各种优质要素和非农产业的集聚地，具有资本、技术、人才和市场优势，充分利用城市优质要素和现代生产经营方式，有利于激活农村的各类资源和要素，促进农业农村加快发展。鼓励城市资本和人才下乡是实现这种结合的有效形式。应该看到，城市资本下乡不单纯是带来资金，伴随着项目投资还会带来技术、人才、品牌和营销渠道等。政府应鼓励龙头企业和下乡资本扎根乡村，与合作社、村集体、农民等形成利益共同体，并在财政、税收、土地、产业等政策方面提供相应的配套支持。

最后，建立多形式的城乡发展共同体。目前，浙江一些地方已经在教育、医疗、文化等领域开展了形式多样的城乡发展共同体探索。应总结各地的有益经验，全面推进城乡产业、教育、医疗、文化、生态等共同体建设，使之成为推进城乡融合发展和一体化的重要载体。这种城乡发展共同体既是一个利益共同体，也是一个责任共同体，它将有利于形成利益共沾、责任共担的多赢格局。嘉兴市积极探索的"飞地抱团"模式，实际上也是一种以城带乡的共同体形式，它有力促进了乡村经济尤其是集体经济薄弱村的发展，又避免了各村独自发展带来的分散布局和规模不经济问题，实现了城乡共建共享共荣。

四 全面增进农民福祉

发展的最终目的是满足人民对美好生活的向往，不断改善人民生活品质，提高人民福祉水平。缩小城乡发展差距，不能采取人为的"削高填低"办法，而应该通过实施乡村振兴战略，加快推进农业农村现代化，不断提高农村居民收入和生活水平，全面增进农民的福祉，实现高水平的城乡共享繁荣。

增进农民福祉的关键举措是提高农民收入水平。我国是一个城乡差距较大的发展中大国，如何破解城乡二元结构、缩小城乡发展差距一直是政府追求的重要目标之一。近年来，虽然我国农村居民收入增长较快，城乡居民收入差距持续缩小，2020年全国城乡居民人均可支配收入之比达到2.56，但仍然处于高位，比1985年高37.6%。浙江省农村居民收入水平连续36年位居各省区之首，城乡居民收入比也处于全国前列，2020年已下降至1.96，但与发达国家（1.5左右）相比仍有一定差距。在地级市层面，2020年嘉兴市城乡居民收入比达到1.61，居全国地级及以上城市前列，已接近发达国家平均水平。

为此需要采取多方面的有效措施，进一步拓宽农民增收渠道，建立完善农民持续稳定增收的长效机制。一是要稳定农民家庭工资性收入增长，尤其要通过筑牢现代乡村产业体系，不断提高农民家庭工资性收入中来自农业农村的工资性收入比重。二是促进家庭经营性收入快速增长，提高家庭经营净收入所占比重及其对农民增收的贡献率。三是全面深化农村改革，尤其是农村土地制度和集体产权制度改革，激活农村资源，打通资源变资本、资本变财富的渠道，不断拓宽增加农民财产性收入渠道，大幅度提高财产净收入所占比重及其对农民增收的贡献率。在2020年浙江省农村居民人均可支配收入构成中，人均财产净收入仅占3.0%，大幅度增加和拓宽农民财产性收入仍有很大的空间。

在此基础上，还需要加大财政转移支付和收入分配调节力度，进一步完善农业支持保护体系和乡村振兴政策，切实提高农民消费水平，全方位改善农民生活品质，缩小城乡消费和生活水平差距。虽然目前浙江城乡居民消费差距也处于全国较低水平，2020 年城乡居民人均生活消费支出之比已下降到 1.68，但离共同富裕的目标仍有一定差距。为此，要按照示范区的战略定位和目标要求，全面改善农村人居环境，并采取有效措施扩大和刺激农村消费，消除抑制消费的各种障碍，优化农村消费环境，不断提高农民的消费水平，促进生活质量的等值化，使城乡居民同样能够享受高品质的生活。

以政策协同推动共同富裕
取得实质性进展[*]

魏 众[**]

共同富裕是马克思主义的一个基本目标，也是自古以来我国人民的一个基本理想。党的十八大以来，习近平总书记高度重视推动共同富裕，并就共同富裕发表一系列重要论述，作出一系列重大部署。党的十九届五中全会提出了到 2035 年基本实现社会主义现代化远景目标，其中包括"全体人民共同富裕取得更为明显的实质性进展"。2021 年中央财经委员会第十次会议明确共同富裕的内涵和要求，提出"构建初次分配、再分配、三次分配协调配套的基础性制度安排"，"形成中间大、两头小的橄榄型分配结构"。从理论和实践角度看，扎实推进共同富裕需要在保持经济较快增长的同时，通过对收入分配秩序进行整顿，加强收入分配调节功能，形成合理的收入分配格局，实现公平与效率的统一。

---

* 原载《中国党政干部论坛》2021 年第 11 期。

** 魏众，中国社会科学院经济研究所研究员。

一　推进共同富裕的必要性和紧迫性

从收入分配领域来看，通过增量改革可以保证各个利益群体收入不减少，在实现"帕累托改进"的同时实现对收入分配格局的调整。所以多年来，我们通过动态增量调整来缩小收入分配差距，我国居民收入分配差距在 2009 年达到高峰以后有所回落，区域、城乡间的收入分配差距已呈现一定的缩小趋势。但虽如此，我国居民收入分配差距仍在较高位反复，区域、城乡间收入分配差距也还比较明显。此外，行业间收入差距还较大，且未出现缩小的趋势。也就是说，尽管每个群体的收入都有所增加，但高收入群体收入增加得更快，收入差距因此而扩大，收入分配也成为社会普遍关注的热点问题。这显示出通过完善收入分配制度实现共同富裕的必要性和紧迫性。如果适当调整策略，在增量的动态调整中做到对中低收入群体的侧重，则收入分配状况可以实现向有利于中低收入群体的方向转化，从而缩小收入分配差距。

缩小收入分配差距对于经济增长有着特殊的经济学含义：通常情况下，中低收入群体的消费倾向往往更强，高收入群体的消费倾向相对较弱，而一个共同富裕的社会，由于收入相对平均，会提升整个社会的总消费需求，从而有利于扩大内需，畅通国内大循环，对于推动经济增长有重大意义。在目前阶段，在宏观层面上需要考虑如何让宏观收入分配格局向居民倾斜，在微观层面上则需要考虑如何在规模性收入分配中尽可能形成以中等收入群体为主体的橄榄型分配格局。

在共同富裕问题上，另外一个需要重视的问题是财产差距。富裕就其实质而言，主要衡量标准是财产数量而非收入。收入是流量概念，而财富是存量概念。共同富裕意味着财富的提升和财富拥有不平等的缩小。收入的增加可以提高储蓄，储蓄的增长又会带来财富的积累，因此，收入差距扩大往往会导致财富不平等程度的提高，这是谈及共同富裕时首先考虑收入差距的原因。然而，财富与收入之间毕竟不是一一对应的关系，资产价值的变化同样会带来财富差距的变化。因此，调节资产分配不平等导致的收入差距应从两个方面着手：对收入流量的调节以及对财富存量的调节。因此，实现共同富裕首先应通过调整收入形成和调节机制以缩小收入分配差距，其次则是通过对财富存量制定相关税收政策以实现对财富分配的调节。

共同富裕是一个长期的任务，要对共同富裕的长期性、艰巨性、复杂性有充分估计。中央财经委员会第十次会议强调，"共同富裕是全体人民的富裕，是人民群众物质生活和精神生活都富裕，不是少数人的富裕，也不是整齐划一的平均主义，要分阶段促进共同富裕"。

二　推动共同富裕的政策选择

在我国当前收入分配差距中，城乡、区域和行业间收入分配差距是造成我国居民收入分配差距较大的重要原因，因此，要推动共同富裕取得更明显的实质性进展，必须在缩小区域、城乡、行业收入分配差距方面下功夫。在未来，可考虑通过产业政策、劳动和社会保障政策、收入再分配和第三次分配调节政策，以及以财产为征收对象的特定税种等的协同来实现。

其一，调整产业政策。习近平总书记在主持召开中央财经委员会第十次会议时强调，"共同富裕是社会主义的本质要求，是中国式现代化的重要特征，要坚持以人民为中心的发展思想，在高质量发展中促进共同富裕"。这为共同富裕的实现指明了路径。实现共同富裕必须在缩小区域、城乡、行业收入和财产差距的基础上，以构建新发展格局、建设现代化经济体系为战略导向，在高质量发展中促进共同富裕。

这里涉及两个方面的核心政策目标，即建立完备且有竞争力的产业链和价值链，以及缩小区域、城乡、行业收入分配差距，且应尽可能将它们统一在实现共同富裕的方向上。区域、城乡、行业收入分配差距是各区域、各要素参与经济活动获得分配的结果，这意味着区域、城乡、行业收入分配差距内生于产业链和价值链中。要兼顾两个方面的政策目标，关键在于如何在建立完备产业链和价值链的同时，实现缩小区域、城乡、行业收入分配差距的目标。在现有的经济和社会发展条件下，优化产业结构、壮大实体经济、推动制造业优化升级都是高质量发展对经济发展战略选择的要求，而产业尤其是制造业向中西部转移，有助于改善东中西部产业空间布局，也有助于中西部居民收入来源的增加，进而实现区域协调发展，以缩小地区间国民收入和居民收入差距，这样的产业政策有利于兼顾两个方面的政策目标，推动共同富裕。

其二，完善初次分配政策，壮大中等收入群体。中央财经委员会第十次会议提出，要推动更多低收入人群迈入中等收入行列。当前，我国低收入群体体量还比较大，占全部人口的60%以上。扩大中等收入群体是共同富裕的重要目标，同时也是目前实现共同富裕的短板。其主要原因在于普通劳动者特别是工人和农民群体收入及增速都偏低，直接影响中等收入群体的壮大。通过调整收入形成机制和使收入分配调节机制起作用，再配合乡村振兴等相关政策方略，将有助于加快这一群体收入的提升，从而形成覆盖面更广、占比更高的中等收入群体。这样一来，既有利于改善发展不平衡不充分问题，又有助于实现人民群众的美好生活愿望，进而夯实中国共产党的执政基础。

完善初次分配政策还有助于整顿收入分配秩序，这可能有两方面的含义：一方面，建立收入分配制度规范，让稳定性收入成为收入的主体，形成对收入的稳定预期，减少谨慎性储蓄对消费的影响，从而在全社会实现对消费的提振；另一方面，整顿非法、非正常收入，共同富裕是鼓励勤劳致富的，但与此同时，致富获得的收入需要按章纳税，所以需要进一步加强对个人所得税偷漏税行为等的监管，形成公平税负。

党的十八大报告提出，初次分配和再分配都要兼顾效率和公平，再分配更加注重公平。在劳动就业和劳动收入形成的初次分配中应体现机会公平和过程公平。一个公平的收入形成机制，对于提高劳动者的积极性和创造性是有利的，从而对于效率的提升有正向的激励作用。如此，在保证公平性的同时，仍能相当程度上保证其对创新和效率的激励作用。

其三，发挥社会保障作用，加大再分配力度。经过几十年的改革，我国的收入再分配政策和制度体系逐步建立。无论是针对低收入群体、具有兜底特征的低收入保障制度，还是用于调节收入差距的累进个人所得税征收，都对控制乃至缩小收入差距起到了一定的作用。而以基本医疗服务和义务教育为代表的公共服务的均等化也在一定程度上发挥了保障公平及阻断收入代际传递的作用。应该说，与全球其他国家相比，我国的收入再分配政策和制度体系算是比较完备的，但调节手段和调节力度方面仍有欠缺、目标瞄准性还不强。故而在不久的将来，原有的再分配调节制度体系预计仍会大致保持平稳，但主要会在政策对收入分配差距的调节力度和社会救助等目标瞄准方面有所改进。

在再分配的转移支付过程中，应遵循水平公平原则和垂直公平原则。再分配过程中的水平公平原则是指同样收入水平的人，获得的公共转移支付和补贴应该是大体一致的；垂直公平原则指补贴以后不会改变接受补贴者和未接受补贴者之间的收入排序，比如将贫困人口收入通过补贴超过非贫困人口收入，是不符合垂直公平原则的。税负公平也是这个道理。如此，既让人民群众拥有获得感、幸福感、安全感，又不过分损失效率，兼顾效率和公平。

其四，发挥第三次分配作用，发展慈善事业，改善收入和财富分配格局。第三次分配，是指在第二次分配结束后，个人或者企业在自愿基础上，以募集、捐赠和资助等慈善公益方式对社会资源和社会财富进行分配，它是对初次分配和二次分配的有益补充，有助于弥补初次分配和二次分配的某些不足，进一步缩小收入分配差距。中华民族自古以来就有扶危助困的优良传统。一方面,应继承和弘扬这一优良传统,努力在全社会形成慈善是高尚事业的共识,形成慈善光荣的舆论氛围,鼓励更多的企业和个人加入慈善和捐赠事业;另一方面,要为慈善事业发展创造更为优越的环境,结合税收制度进一步完善慈善事业的配套激励政策。

其五,完善针对存量指标财富差距的调节手段。虽然遗产税和房地产税目前尚未征收,但民众对此格外关注,担心自己不高的收入和辛苦积攒的房地产和留下的遗产会被高额征税,这是普通民众的正常心态。实际上,无论是从国际通行做法还是我国的试点情况来看,房地产税和遗产税主要针对高资本存量和高财富存量人群。伴随经济体制改革和经济快速增长,我国也开始出现一个高资本存量和高财富存量的群体,使我国居民财富差距快速扩大。而截至目前,对于这一群体仍缺乏有效的调节手段。全社会对这种现象极为关注,并出现"躺赢"等流行词语。这种情况持续下去,容易造成社会阶层固化,对于那些辛勤劳动的人来说也是不公平的。对比国际通行税种,我国在资本和财富存量调节方面还存在明显缺陷,所以遗产税和房地产税等针对存量的调节手段有可能择机出台。不过,针对存量进行调节的税种大多起付线较高,对于那些资本和财富存量不高的家庭,房地产税和遗产税对他们的影响应该不会很大。

关于"十四五"浙江推动
生态文明建设的若干思考

张永生*

2021 年 6 月,《中共中央国务院关于支持浙江高质量发展建设共同富裕示范区的意见》发布,浙江成为高质量发展和共同富裕先行先试的示范区。共同富裕是社会主义的本质要求,必须通过高质量发展来实现。"十四五"规划是我国全面建成小康社会、实现第一个百年奋斗目标之后,乘势而上开启全面建设社会主义现代化国家新征程、向第二个百年奋斗目标进军的第一个五年规划。因此,浙江在"十四五"开启的示范,意义就特别重大。如何在"十四五"时期推动生态文明建设,是浙江推动高质量发展和共同富裕的关键。生态文明建设的内容很多,但总的可以用一句话表达,即"我们要建设的现代化,是人与自然和谐共生的现代化"。

---

* 张永生,中国社会科学院生态文明研究所所长,研究员。

一　"人与自然和谐共生"的现代化

（一）建设"人与自然和谐共生"的现代化，仅仅有生产方式的绿色转型还不够，同时还要有生活方式的绿色转型

长期以来，后发国家简单地将发达国家的发展内容当成自己现代化的目标，但发达国家的现代化内容和生活方式，同时也带来了全球不可持续问题。如果世界上所有人口都像发达国家那样生活，则需要几个地球的资源才能满足人们需求。因此，如果只是提高生产技术而不改变消费的内容，全球可持续发展就不可能实现。因此，重要的是对消费内容进行引导，形成绿色生活方式。在强调经济增长、扩大内需时，消费内容的变化，对能否形成"人与自然和谐共生的现代化"起着决定性作用。

（二）在开启全面建设现代化征程时，不仅要避免中等收入陷阱，也要将避免"现代病"提上重要议程

现在大家更为关心的，是如何避免中等收入陷阱，以顺利实现现代化目标，对工业化国家的"现代化病"则缺乏重视。但是，如果我们只是简单地以发达国家的发展目标为目标的话，就一定会同时出现发展的不可持续和大量现代病。

"现代病"又称为"西方病"，它不只是指各种现代社会问题，还指典型的现代生活方式引起的各种生理和心理疾病。最典型的是慢性病，比如，超重与肥胖、Ⅱ型糖尿病、冠心病、高血压、骨质疏松、癌症等。随着中国经济快速发展和生活方式的改变，中国的现代病正快速增加。

这种"现代病"带来了严重后果。第一，降低福祉（虽然由于医学水平提高带来预期寿命延长，但长寿的生命质量却在下降）。第二，

大幅度增加医疗支出。由于"富贵病"的发病率快速上升，国家医疗支出大幅度提高。第三，造成环境恶化。饮食结构、农业结构的"现代化"，带来了大量环境问题。比如，以过量动物性饮食为特征的现代饮食结构，其环境代价远超传统饮食结构。由于现代病和环境问题同根同源，避免"现代病"，很大程度上就是解决环境问题。这意味着，在发展方式上，我们要改变生活方式，并制定针对性的指标。

（三）"以人民为中心"的发展

GDP 的内容，要以增进人民福祉为根本依归，避免"高增长、低福祉"结果的出现。发展的目的是提高人们福祉，但在传统发展模式下，发展的目的与手段一定程度上本末倒置。要"让市场发挥决定性作用，让政府更好地发挥作用"，就必须对市场和政府的职能进行重新认识和定义，赋予政府公共职能新的含义。

在发展绩效上，要坚持以下方向：

一是对那些有高外部成本、隐性成本、长期成本、机会成本、福祉成本的经济内容进行抑制。对"高资源消耗、高碳排放、高环境污染"的消费产品，要大幅度提高其成本，倒逼消费模式转型。比如，对那些导致环境污染的产品、导致各种慢性病的产品和营销行为进行规制。

二是对那些有利于生态环境保护的内容进行鼓励和扶持。这相当于对这些活动提供的生态服务进行补偿。比如，有机农业、新能源、新兴服务等。

三是政府对那些难以市场化但又对民生福祉关系密切的生态环境进行大力投资。比如，生态环境、景观、文化等。此类活动虽然不能产生直接的经济回报，但却可以间接地刺激亲环境的经济活动而产生 GDP。同时，良好的生态环境又能提升人们的福祉。

二 进一步理解生态文明的内在要求

（一）2060 年碳中和的重大机遇

2060 年碳中和目标是中国全面实现现代化的大背景和新的条件。要从"全面开启现代化建设新征程"和人类文明演进的高度，深刻认识习近平总书记宣布的 2060 年碳中和目标对中国实现"人与自然和谐共生"的现代化的重大意义。目前，有 130 多个国家提出了碳中和的目标。全球范围的碳中和共识与行动，标志着传统工业时代的落幕，一个新的绿色发展时代的开启。但是，目前对 2060 年碳中和目标之于中国现代化的重大影响，理解普遍还不够，更未来得及充分反映在政策中。

第一，2030 年目标和 2060 年目标影响和要求的本质不同。前者更多的是加大减排力度的问题，更多的只是"边际上"的改进；后者则需要发展范式的根本转型才能够实现，是"新阶段、新理念、新格局"的根本体现和重大推手。

第二，提出 2060 年碳中和的雄心，不只是因为中国发展阶段发生了变化，根本上是党的十八大后发展理念发生了重大转变，而且中国绿色转型实践揭示了绿色发展背后的巨大机遇，代表着未来方向。

第三，中国 2060 年碳中和目标背后的巨大机遇。2060 年碳中和目标，将给中国经济带来脱胎换骨的变化。它意味着中国经济现有的基础将彻底改变，不只是能源、交通、建筑等直接同碳排放相关的部门会发生巨大变化，也不只是一个节能减排或植树造林的问题，还会由此引发生产方式、消费方式、商业模式等方面革命性变化。

中国的新发展理念，早就超越了"先污染、后治理"的理念。2060 年碳中和目标，实质上是在同发达国家进行新一轮的绿色发展竞争与合作。中国一定要抢占"先发优势"，不能犹豫。绿色发展代表未来方向，认准了方向，就坚决往前走，大量未能预料的新的机会就会出现。1978 年改革开放时，同样不知道具体路径，但 40 多年后的今天，中国的成就根本是过去不可能"计划"甚至想象的。同理，我们现在不要太局限于对未来 40 年的"能源情景"的预测模型做决策。未来新技术的变化和观念的变化，是人类有限理性很难准确把握的。

（二）指标的设定应反映生态文明的本质要求

理解生态文明的三个层面：一是狭义的生态环境；二是发展方式转型（理念、内容、资源、组织、商业模式、体制机制）；三是不同的分析视角（"人与自然"的宏大视野和"绿水青山就是金山银山"的价值理念，意味着对高质量发展的不同认识）。

一是生态环境的直接指标。目前这方面已有很多研究，主要是同发达国家对标。2020 年 12 月 12 日，习近平主席在气候雄心峰会上宣布，到 2030 年，中国单位国内生产总值二氧化碳排放将比 2005 年下降 65% 以上，非化石能源占一次能源消费比重将达到 25% 左右，森林蓄积量将比 2005 年增加 60 亿立方米，风电、太阳能发电总装机容量将达到 12 亿千瓦以上。

二是决定生态环境的深层指标。党的十九届五中全会强调的"经济社会发展全面绿色转型"，同过去一直讨论的传统意义上的发展方式转型有很大区别，后者是指通过发展理念、发展内容等全面转型实现可持续，前者则更多的局限于提高经济效益。

三是用"绿水青山就是金山银山"的新理念和"人与自然"更宏大的生态视角看待发展问题，从而就会产生对"高质量发展"的不同标准。一些在传统工业化视角下高质量的发展，在生态文明视角下就可能是低质量的发展。这就需要对发展的测度指标进行全面更新，GDP 已不能准确测度发展水平和质量。

（三）生态文明体制改革存在的主要问题

第一，认识问题。各级干部对生态文明的认识，不少还停留在狭义的生态环境方面，将生态文明等同于节能减排、植树造林等。环境问题的背后，是发展方式的转变问题。解决生态环境问题，需要彻底改变生产方式和生活方式，是工业革命后人类社会面临的最全面而深刻的变化。

第二，未能充分建立起生态文明目标的"自我实现"机制。政策目标的实现取决于相关利益主体是否有相应的激励。由于现有发展理念、商业模式、基础设施、体制机制等均是在传统工业时代建立并为其服务的，生态文明这种前瞻性思想，需要有新的支持体系。因此，目前部分地区仍然存在"新瓶装旧酒"的情况，以生态文明之名，行传统工业化之实。

第三，"绿水青山"转化为"金山银山"存在障碍。主要表现在两方面：一是价值观念和机制障碍。对为什么"绿水青山"就是"金山银山"的认识和探索还不够充分。由于"绿水青山"提供的生态服务价值很多都是无形服务，其对工农业生产的重要作用未能被充分认识。同时，由于目前人们对"美好生活"的概念是在传统工业时代形成的，改变观念需要一个过程。二是转化机制。传统工业化模式，主要依靠物质资源，是将"物质资源"转化为"金山银山"，而生态文明更是将无形的"绿水青山"转化为"金山银山"。这就要求不同的体制机制、发展内容、政策体系、商业模式等。

第四，生态文明理念未能深度融入经济社会各方面，各项重大战略和政策中未能充分体现。比如，生态文明不仅需要生产方式的改变，更需要生活方式和消费方式的改变，但主流宏观经济政策的核心，却是不加区分地刺激消费，将扩大消费作为增长的手段，在经济处于下行时更是如此。生态文明视角下的扩大消费，并不只是简单地扩大消费，更是改变消费的内容，以让经济增长摆脱对碳排放等的依赖。

三 "十四五"时期的科学目标体系

（一）目标体系

除了前面提到的大力转变发展内容外，浙江可以考虑以下方面的重点：一是将"补短板"作为生态环境保护的重点，进一步加大生态环境保护与修复力度，形成改革的倒逼机制；二是建立将"绿水青山"转化为"金山银山"的转化机制；三是建立反映生态文明和新发展理念的发展质量评价体系理论和方法。具体而言：

——解决生态环境领域的突出"短板"，重点抓好空气、水、土壤的治理，以及城市社区、乡村的生态环境整治等工作，实现我国生态环境全面好转，在生态、环境、资源效率等方面，同世界发达国家先进水平全面对标。

——"十四五"开始，将 2020 年因疫情不再设立 GDP 年度增长指标的做法，作为今后的"新常态"。进一步，将传统模式下的外部环境成本、隐性成本、长期成本、机会成本、福祉成本等纳入企业成本，在生态文明"人与自然"更大的视野下，建立新的发展质量评价体系。

——通过建立生态环境保护及资源利用的硬约束条件，建立和完善生态环境保护的空间格局、产业结构、生产方式、生活方式的体制机制。

——将生态环境基础设施作为新型基础设施，加大公共投入，提供更多优质生态产品，满足人民日益增长的优美生态环境需要。

（二）出台一些突破性举措

浙江可以考虑在"十四五"时期推出一些突破性的绿色转型举措，并用相应的政策和指标加以落实。比如，设立碳中和示范区，让一些地区率先实现碳中和；研究燃油汽车退出计划；实施重大绿色技术推广计划、高能效空调计划、绿色建筑计划、新型生态环境基础设施投资计划、绿色城市更新计划；企业全面履行 ESG 标准和绿色金融标准；绿色生活方式运动；绿色农业转型战略；绿色健康饮食计划（对饮食结构进行干预，有效控制"富贵病"），等等。